Caminos del Idioma

1re année d'Espagnol

Colette BEAUVAL

Professeur agrégée
au lycée Pothier, Orléans

Philippe GIMIÉ

Professeur agrégé
au collège de Tournan-en-Brie

Gérard GOURDON

Professeur agrégé
au collège Honoré-de-Balzac, Alençon

Didier

13, rue de l'Odéon 75006 Paris

Photocomposition, photogravure : Groupe MCP-PHIP

Imprimé en France

ISBN 2-278-03772-2

Índice
de textos e ilustraciones

Avant-propos

Voici votre premier livre d'espagnol. Son objectif est double :
— vous initier à la langue espagnole,
— vous faire connaître la culture des peuples qui la parlent.

Vous trouverez dans ce manuel des documents variés pour la classe : photographies, tableaux de maîtres, dessins humoristiques, publicités, textes d'auteurs, coupures de presse, chansons.

A la fin du manuel, vous trouverez aussi quelques contes, de longueur et difficulté variables. Le moment venu, ils pourront faire l'objet d'une lecture personnelle, que les notes rendront plus aisée.

Diverses rubriques vous permettront de mieux comprendre et commenter les documents.

— **Le questionnaire** qui accompagne certains documents attire votre attention sur les points essentiels. Parfois, des débuts de phrases vous aident à vous exprimer plus facilement.

— La rubrique **Alto** signale certains points grammaticaux et vous invite à y réfléchir.

— En relation avec le document étudié, la rubrique **Obras** propose un éventail d'exercices oraux ou écrits.

— **Des jeux** (Juegos y diversiones) vous donnent l'occasion de retrouver dans un contexte attrayant un certain nombre d'éléments linguistiques.

L'étude d'une langue vivante doit aussi vous aider à améliorer vos méthodes de travail.

— **5 fiches méthodologiques** vous conseillent pour l'organisation de votre travail personnel *(Le travail personnel)* ou vous suggèrent, à partir d'exemples précis, une démarche possible pour le commentaire des divers documents *(Comentar una foto, Comentar un cuadro, Comentar un poema, Comentar un texto en prosa).*

— **Le mémento grammatical** présente, à partir d'exemples le plus souvent tirés des textes du livre, les points de grammaire essentiels : il complète la rubrique Alto. Pour son maniement, vous pouvez utiliser **l'index.**

— **Le lexique :** ce n'est pas un dictionnaire. Il regroupe le vocabulaire des textes et facilite vos révisions.

N'oubliez pas que l'espagnol est une langue vivante, parlée par plus de trois cents millions de personnes. C'est l'une des langues officielles d'organisations telles que l'ONU, l'UNESCO...

Le monde hispanique et hispano-américain connaît actuellement d'importantes mutations : l'entrée de l'Espagne dans la communauté européenne par exemple.

En apprenant cette langue, vous découvrirez de nouveaux pays, des modes de vie et de pensée différents. Vous vous donnerez de nouvelles possibilités de communication.

Mapa administrativo.

España en Europ

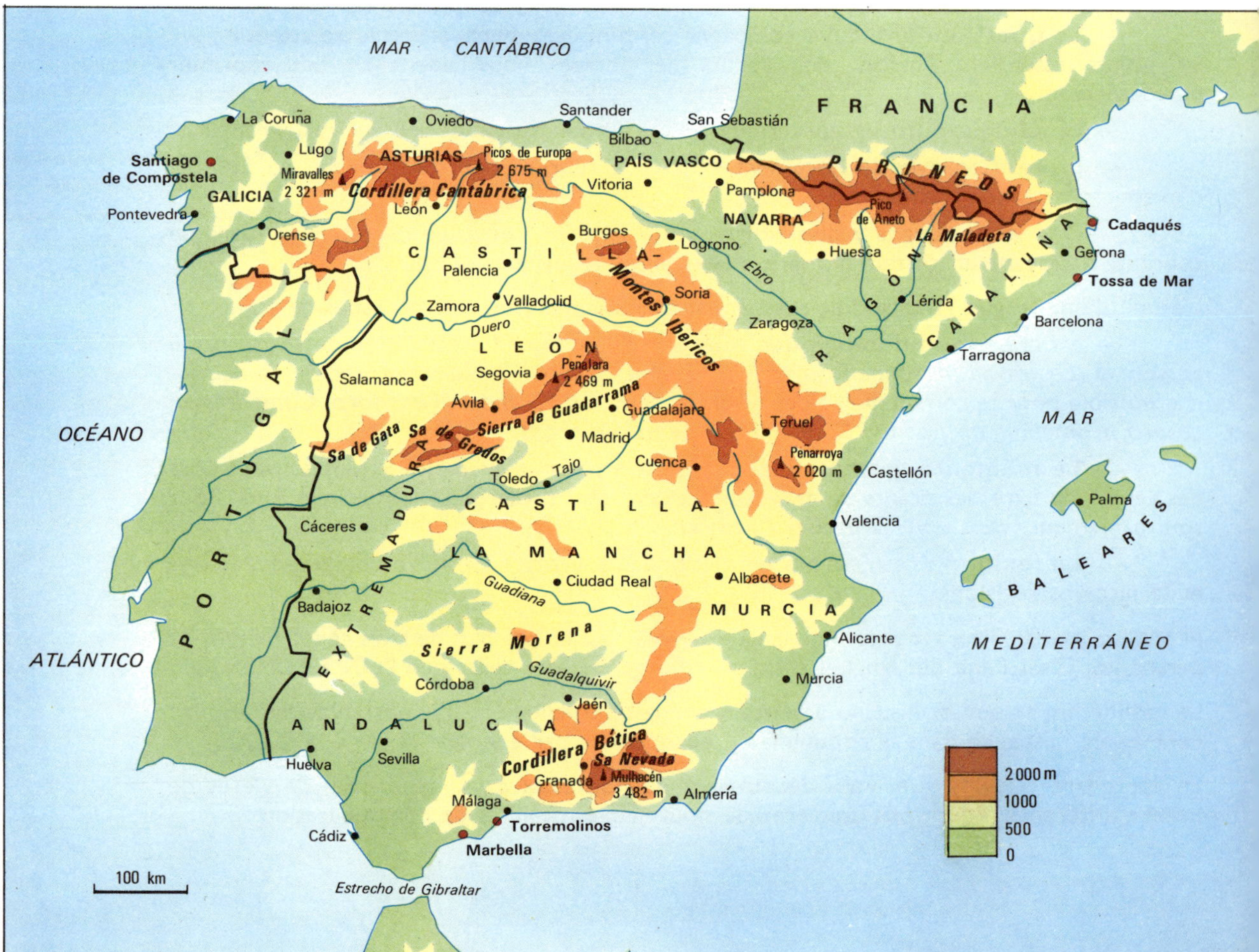

Relieve de la Península Ibér

América Latina.

América Latina en el mundo.

1 ¡Hola! ¿Cómo te llamas? ¿Quién eres?

Buenos días.
Soy la profesora de español.

Buenas tardes.
Soy el profesor de español.

¡Hola! me llamo Pablo.
Soy un alumno.

¡Hola! me llamo Elena.
Soy una alumna.

Y tú ¿ cómo te llamas?
¿quién eres?

a LTO

Attention à la prononciation des lettres en gras :
so**y**-p**r**ofe**s**o**r**-espa**ñ**ol-ta**r**d**e**s-m**e** **ll**amo.

O BRAS

Relisez à voix haute le texte des cinq dessins de cette double page en appuyant sur les voyelles en couleur.

¡Bienvenidos a España!

— Buenos días (buenas tardes), el carnet de identidad, por favor.

Aduana de la Junquera.

Normas de circulación en clase de español	
— S'il vous plaît, comment dit-on en espagnol... ? 	— Por favor, ¿cómo se dice en español... ? 
— S'il vous plaît, pourriez-vous répéter ?	— Por favor, ¿podría usted repetir ?
— Veux-tu répéter, s'il te plaît ?	— ¿Quieres repetir, por favor ?
— Pardon, je ne comprends pas...	— Perdón, no entiendo...
— Merci.	— Gracias.

Carnet de identidad

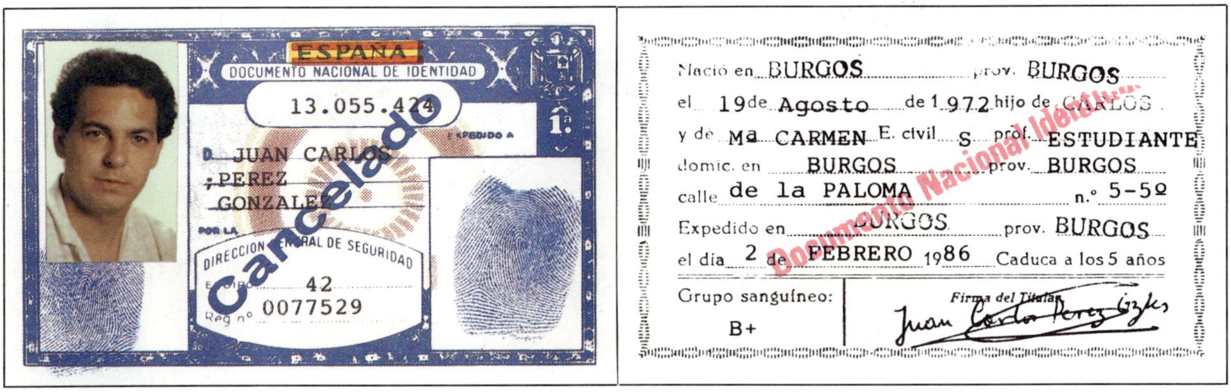

¿Cómo se llama este muchacho?
¿Cuántos años tiene?
¿De qué nacionalidad es?
¿Dónde vive?

OBRAS

— ¿Tienes tú un carnet de identidad o un pasaporte?
— **Yo tengo..., yo no tengo...**

— ¿Cuántos apellidos tienen los muchachos españoles? Y tú ¿cuántos tienes?
— **Los muchachos españoles..., yo tengo...**

— ¿Cuántos años tienes?
— **Yo tengo...**

— ¿De qué nacionalidad eres?
— **Soy...**

— ¿Dónde vives?
— **Vivo...**

ALTO

1. Attention à **la formation du pluriel :**
• les mots terminés par une voyelle prennent un « s ».
Exemple : **el muchacho-los muchachos.**
• les mots terminés par une consonne prennent « es ».
Exemple : **español-españoles.**
mais attention au pluriel de l'article défini masculin :
el-los.

2. Remarquez qu'une question *(una pregunta)* est précédée d'un point d'interrogation à l'envers.

3. Notez que les mots interrogatifs **(cómo, cuántos, qué, dónde)** portent un accent écrit.

4. Relisez les questions : appuyez sur les voyelles en couleur (voyelles toniques).

5. « ll » et « ch » sont deux lettres que l'alphabet français ne possède pas. Écoutez bien leur prononciation.

— ¿Cuál es tu nombre?
— Mi nombre es José.
— ¿Y tus apellidos?
— García Blanco.

— ¿Cuántos años tienes?
— Yo tengo quince; ¿y usted?
— ¡Yo no soy tan joven!

— ¿Cómo se llama Vd, por favor?
— Me llamo Isabel.
— ¿Y sus apellidos?
— Pérez Ortega.
— ¿Cuántos años tiene Vd?
— Tengo veinte años.
— Muy bien.

ALTO

1. Remarquez les deux façons de s'adresser à quelqu'un : **tú/usted** (Vd).

2. Comparez les deux questions :
— ¿Cómo **se llama** este muchacho?
— ¿Cómo **se llama** Vd?
Quelle personne de la conjugaison emploie-t-on pour le vouvoiement?

OBRAS

1.

— **¿Cuántos años tienes?**
— **¿Dónde vives?**
— **¿De qué nacionalidad eres?**
— **¿Cómo te llamas?**

Transforma las preguntas utilizando *(en utilisant)* la forma de cortesía *(le vouvoiement).*
Ejemplo : **¿Cómo te llamas (tú)?**
¿Cómo se llama Vd?

2. «Buenas noches, señoras y señores. Yo me llamo Andrés Martínez Segovia. Tengo treinta y cinco años de edad y soy de Murcia.»
A imitación de este párrafo, preséntate.

EL PAIS EDICION INTERNACIONAL

Suscripción a EL PAÍS, Edición Internacional (marque con una equis lo que le interese), por un período de:

□ 1 año (52 números) 50 $USA □ 6 meses (26 números) 26 $USA □ 3 meses (13 números) 13 $USA

NOMBRE Y APELLIDOS ______
DIRECCIÓN ______ CIUDAD ______ C. POSTAL ______
PROVINCIA, DEPARTAMENTO O ESTADO ______ PAÍS ______ EDAD ______ PROFESIÓN ______

Forma de pago: Los precios en dólares –o su contravalor en pesetas a la fecha de remisión de este boletín– son iguales para cualquier país del mundo. Es imprescindible la recepción del pago para formalizar la suscripción.

Por talón bancario o giro postal a la orden de PRISA (Miguel Yuste, 40. 28037 Madrid).

Con cargo a mi tarjeta de crédito:
□ American Express
□ Visa International
□ Diners
□ Master Charge International

Nº de tarjeta ______
Fecha de caducidad ______
Firma ______

Indíquenos si al finalizar su suscripción desea que ésta:
□ cause baja automática a su vencimiento
□ se renueve automáticamente y le facturemos

Es imprescindible la recepción del pago para formalizar la suscripción. Cuente con un plazo de seis a siete semanas para que le llegue su primer ejemplar.

3. Copia el boletín de suscripción a *El País* y rellénalo con tus señas de identidad.

La familia real española vive en Madrid, la capital de España, en el Palacio de la Zarzuela. El Rey de España se llama Juan Carlos de Borbón. Su esposa, la Reina Sofía, es griega. Tienen dos hijas y un hijo que es el príncipe de Asturias y se llama Felipe. Las hermanas de Felipe son las infantas Elena y Cristina.

4. A partir de esta presentación de la familia real española, imagina preguntas.
Ejemplo : ¿Dónde vive la familia real?

ALTO

Apprenez les trois personnes du singulier du présent de l'indicatif de ces quatre verbes. N'oubliez pas les pronoms personnels sujets.

	SER	VIVIR	TENER	LLAMARSE
(Yo)	Soy	Vivo	Tengo	Me llamo
(Tú)	Eres	Vives	Tienes	Te llamas
(Él, ella, usted)	Es	Vive	Tiene	Se llama

¿Dónde viven los hispanohablantes?

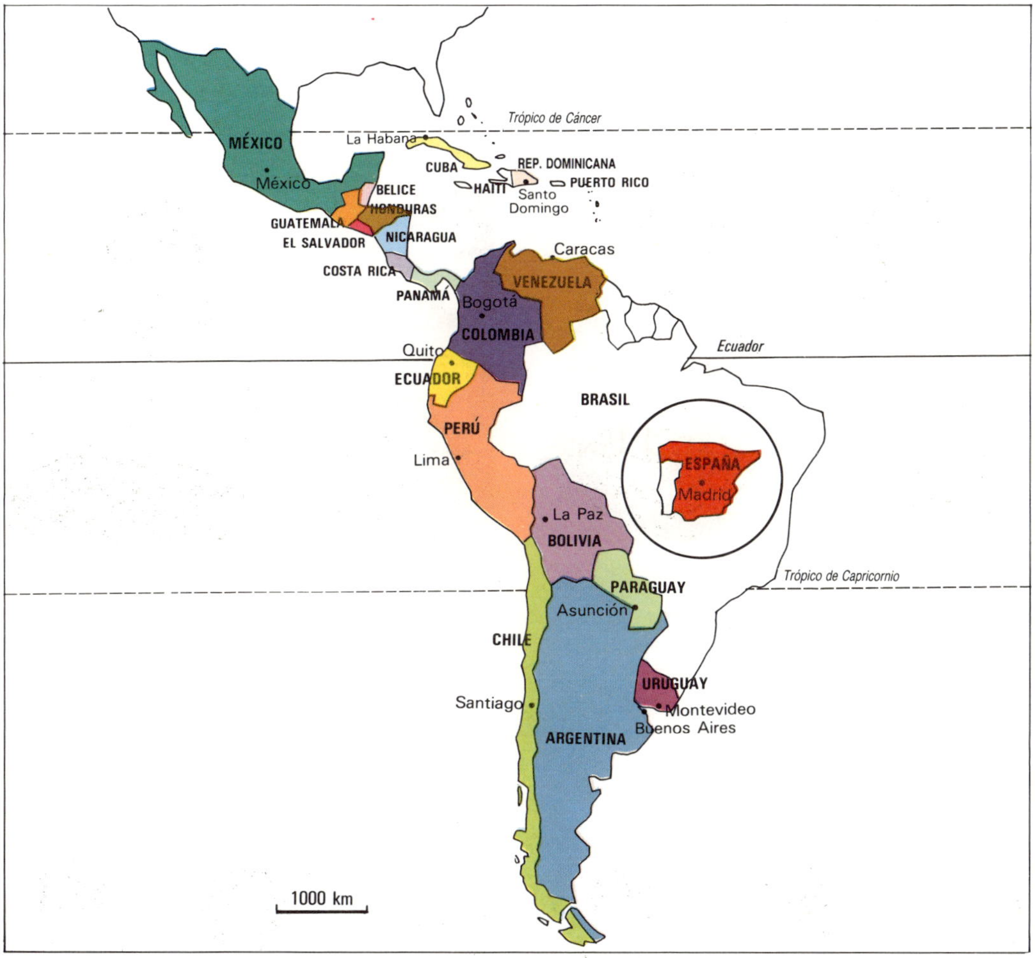

Busca *(cherche)* en esta sopa de letras nueve países hispanohablantes.

V	A	I	V	I	L	O	B	A
A	E	F	C	U	B	A	T	R
M	G	N	O	J	Z	Ñ	I	G
D	E	P	E	R	U	A	P	E
E	L	X	A	Z	V	P	U	N
L	O	L	I	Ñ	U	S	E	T
I	R	Ñ	E	C	R	E	B	I
H	U	S	C	H	O	A	L	N
C	O	L	O	M	B	I	A	A

¿Cuál es la capital de cada país?

2 En el aula

Estoy sentado al lado de Paloma.
Estoy sentada al lado de Pedro.

Y tú ¿al lado de quién estás
sentado / sentada en clase de español?

Mi vecina es Cristina.

Mis vecinos son Ana y Felipe.

¿Quiénes son tus vecinos?

ALTO

¿Quiénes son tus vecinos? Comparez avec la leçon précédente : **¿Quién** eres? Notez l'accord en nombre du pronom interrogatif **Quién.**

OBRAS

1. Contesta *(réponds)* a las preguntas de los dibujos número dos y cinco.

2. Interroga a un compañero o a una compañera.

José está sentado en la fila central. Detrás de él, no hay nadie. Su vecina de la derecha es Elena. Delante de ellos, están Pedro y Juan. En la otra fila, a la izquierda, al lado de la ventana, están sentadas Ana y Pilar.

OBRAS

1. Sitúa a Ramón.
Sitúa a Javier y Nuria.

2. ¿ Dónde estás sentado (sentada) en clase de español?
— **Estoy sentado (sentada)...**
— **Delante de mí...**
— **A mi derecha...etc.**

Alto

1. Apprenez le présent de l'indicatif de ESTAR :

(Yo)	Estoy
(Tú)	Estás
(Él, ella, usted)	Está
(Nosotros, as)	Estamos
(Vosotros, as)	Estáis
(Ellos, ellas, ustedes)	Están

2. Amparo, Ana, Felipe, Mercedes, Carmen.
Observez la dernière lettre de chacun de ces mots. Que remarquez-vous ? Dans quelle syllabe la voyelle tonique se trouve-t-elle ? (Cf. Gram. p. 162).

¿Qué hora es?

Es la una en punto.

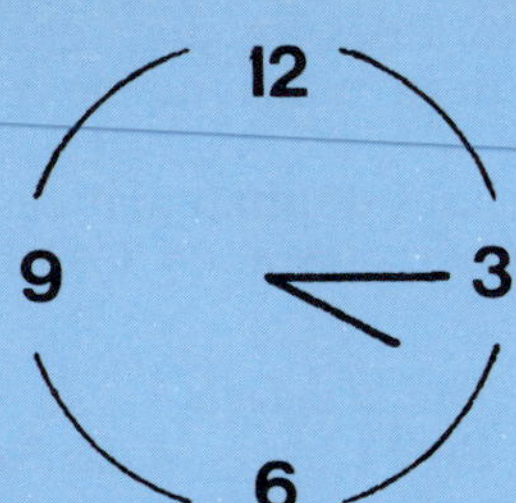

Son las cuatro y cuarto.

Son las siete y media.

Son las doce menos cinco.

Colegio Nacional Cid Campeador
General G. Escámez, 12
Madrid

Curso 8° *(octavo)* de EGB

HORARIO ESCOLAR

HORAS	LUNES	MARTES	MIÉRCOLES	JUEVES	VIERNES	SÁBADO
9'30 a 11'00	Matemáticas	Ciencias	Matemáticas	Social	Lenguaje	
11'00 a 11'30	Recreo	Recreo	Recreo	Recreo	Recreo	
11'30 a 12'30	Inglés	Lenguaje	Inglés	Lenguaje	Inglés	
	T	A	R	D	E	
3'30 a 4'30	Ciencias	Social	Gimnasia	Matemáticas	Biblioteca	
4'30 a 5'30	Plástica	Dibujo	Ética	Religión	Social	

José es un alumno de 8° de EGB.
Va al colegio todos los días, excepto los sábados y domingos.
Los lunes, llega a las nueve y media de la mañana, y sale a las cinco y media de la tarde.
Tiene tres clases de matemáticas a la semana : los lunes por la mañana a las nueve y media, los miércoles a... y los jueves...

¿Cuándo va José al colegio?
¿A qué hora llega cada mañana?
¿Qué asignaturas estudia?
¿Sale todas las tardes a la misma hora?
¿Cuántos idiomas extranjeros aprenden los alumnos de este curso?
¿Qué idioma estudia José?

OBRAS

1. Haz otras preguntas a tus compañeros sobre el horario de clases de José.

2. Ahora vamos a hacernos preguntas sobre nuestro horario.
Por ejemplo :
— Dime, David, ¿cuándo tenemos clase de... ?
— Ana y Manuel, ¿cuándo tenéis clase de... ?
— Por favor, señor profesor, / señora profesora, ¿qué días trabaja usted en el colegio ?

3. Compara tu horario de clases con el de José :
— **Yo tengo... mientras que** *(tandis que)* **José...**

ALTO

1. Apprenez le présent de l'indicatif de TENER :

Tengo	Tenemos
Tienes	Tenéis
Tiene	Tienen

2. Nacional, Campeador, Madrid.
Observez la dernière lettre de chacun de ces mots : que remarquez-vous ?
Dans quelle syllabe la voyelle tonique se trouve-t-elle ? (Cf. Gram. p. 162).

Felipe — Susanita
Mafalda — Manolito

Estudiando las lecciones.

En el patio de recreo

— ¿Quién eres tú?
— Soy Ana.
— ¿Cómo vienes al cole?
— Vengo con mi amiga María;
venimos en bici.
— ¿Vivís lejos?
— No, bastante cerca,
a dos kilómetros apenas.
— ¿Cuánto tiempo tardáis?
— Unos diez minutos.
— ¿Coméis en casa?
— No, comemos en la cantina.

OBRAS

1. A imitación del diálogo, interroga a dos de tus compañeros(as).

2. Utiliza los elementos del diálogo para presentar en primera persona tu propio caso.

ALTO

Apprenez le présent de l'indicatif du verbe SER et des trois conjugaisons régulières :

	SER	TARDAR	COMER	VIVIR
(Yo)	Soy	Tardo	Como	Vivo
(Tú)	Eres	Tardas	Comes	Vives
(Él, ella, usted)	Es	Tarda	Come	Vive
(Nosotros, as)	Somos	Tardamos	Comemos	Vivimos
(Vosotros, as)	Sois	Tardáis	Coméis	Vivís
(Ellos, ellas, ustedes)	Son	Tardan	Comen	Viven

Colegiales en Barcelona.

Commenter une photo
Comentar una foto

Pour être efficace, un commentaire de photo doit être ordonné.
Vous pouvez, par exemple, adopter la démarche suivante :
Situez le document dans l'espace et, quand cela est possible, dans le temps. Donnez-en une présentation générale (le sujet, les personnages...).
— **La foto fue sacada** *(a été prise)* **en... Representa...**

Décrivez ensuite de façon plus détaillée les différents plans (los términos) :
— **En primer término vemos...**
— **En segundo término unos colegiales... En el centro un grupo... mientras que** *(tandis que)* **otros muchachos, a la derecha... A la izquierda, dos mujeres...**
— **Al fondo divisamos...**

Essayez de vous interroger, de donner un avis personnel...
— **Me pregunto** *(je me demande)* **si las motos son de los colegiales porque...**
— **A mí me gusta** | **esta foto porque...**
— **A mí no me gusta** |

Por la noche, en casa

OBRAS

1. Contesta a las preguntas :

— ¿A qué hora vuelves a casa por la tarde?
— **Vuelvo...**

— ¿Dónde estudias en casa y cuándo?
— **Estudio en...**

— ¿Qué haces primero, aprendes tus lecciones o haces tus ejercicios?
— **Primero... ; después...**

2. Separa en sílabas las palabras siguientes : (la) **noche, aprendes,** (las) **lecciones, aprender, Carmen, Lunes.** Indica también la vocal *(la voyelle)* tónica.

ALTO

Apprenez le présent de l'indicatif de HACER :

Hago	Hacemos
Haces	Hacéis
Hace	Hacen

JUEGOS Y DIVERSIONES

Crucigrama

	A	B	C	D	E	F
1					■	
2		■				
3			■			
4						
5						■

Horizontales

1. Entre dos y cuatro.
2. Salón.
3. Una de las personas del presente de indicativo del verbo ser. Artículo definido.
4. Se sirve en la cantina.
5. Una de las personas del presente de indicativo de entrar.

Verticales

A. Antes de catorce.
B. José y Javier... dos alumnos.
C. Elena... una alumna. En buen orden, consonantes de moto.
D. Lo contrario de entrar.
E. Ana está al... de la ventana.
F. Vivimos en ella.

Le travail personnel

Cette fiche a pour but de vous aider dans votre travail personnel à la maison, en étude, au C.D.I.
Ce travail personnel est l'une des conditions indispensables à la bonne assimilation du cours. Pour le rendre plus facile et plus efficace

il faut :

EN CLASSE

- être attentif à ce que disent votre professeur et vos camarades;
- participer activement;
- ne pas hésiter à demander des explications lorsque vous ne comprenez pas (Cf. panneau, p. 14);
- noter soigneusement sur votre cahier de textes le travail à faire (la leçon et les exercices...).

EN DEHORS DE LA CLASSE

- ne pas attendre le dernier moment pour faire votre travail;
- vous mettre dans de bonnes conditions (calme, concentration...) qui vous permettront de gagner du temps et d'être plus efficace.

Vous devez :
- apprendre d'abord votre leçon, en ayant sous les yeux le document étudié et les quelques éléments notés sur le cahier à la fin de l'heure;
- faire ensuite, s'il y a lieu, vos exercices.

L'essentiel est de comprendre ce qui vous sera demandé en classe.

Vous pourrez avoir, selon les cas :

1. à réciter par cœur un dialogue, un poème, un court texte en prose;

2. à présenter globalement une photo, un dessin ou un tableau, à résumer l'essentiel d'un texte, etc. en réutilisant les mots et les structures vus en cours et éventuellement le questionnaire qui accompagne le document;

3. à partir d'un document étudié en classe, à faire un exercice de création personnelle : transformer une phrase ou un paragraphe, compléter une amorce, porter un jugement personnel, imaginer une suite à un texte, écrire un dialogue ou un poème, etc.

Prenons un exemple précis : le dialogue « En el patio de recreo » p. 26. Il peut susciter plusieurs exercices oraux ou écrits, chacun d'eux suppose une démarche bien particulière.

TRAVAIL DEMANDÉ	CONSEILS
1. EXERCICE ORAL :	
apprendre le dialogue par cœur deux par deux afin de le jouer en classe.	• Il faut comprendre pour apprendre : relisez votre texte et utilisez le lexique si vous avez oublié le sens d'un mot. • Faites plusieurs lectures à haute voix, en respectant le ton, la ponctuation. • A livre fermé, essayez de réciter le dialogue. Éventuellement, écrivez-le. • Entraînez-vous à le jouer avec un camarade en inversant les rôles.
2. EXERCICE ORAL OU ÉCRIT :	
à partir du dialogue, présenter Ana selon le modèle : — **La muchacha se llama...** — **Viene al colegio con...**	• Comprenez bien le texte (Cf. ci-dessus). • L'exercice suppose le passage de la 1re à la 3e personne : référez-vous pour cela à la rubrique ALTO de cette page et éventuellement au mémento grammatical. • Vous pouvez écrire au brouillon les quelques phrases simples ainsi obtenues **(Ana viene al cole... Ana y María tardan...).** Attention à l'orthographe, aux accords grammaticaux (verbe-sujet, etc.).
3. EXERCICE ÉCRIT :	
en s'inspirant du dialogue étudié, en écrire un nouveau.	• Comprenez bien le texte (Cf. ci-dessus). • Pour poser des questions, ne vous contentez pas de répéter le texte. Transformez certaines questions du dialogue **(¿vienes al cole en bici?)** et faites appel à d'autres rencontrées précédemment **(¿qué edad tienes?).** • Pour les réponses, n'inventez pas de mots. Utilisez autant que possible le vocabulaire et les structures vus en classe. • Écrivez votre dialogue, et n'hésitez pas, pour tous les problèmes de rédaction, à recourir au texte modèle, au lexique, au mémento grammatical, à la rubrique ALTO. Veillez tout particulièrement à la ponctuation, à l'orthographe, aux accords grammaticaux, etc.

Apprendre à travailler régulièrement à l'écrit et à l'oral dès les premières semaines est capital dans l'apprentissage d'une langue ; en effet, c'est durant cette période que l'on acquiert les bases indispensables.

Merendando en el jardín.

En el jardín, José Ramón está haciendo un aeroplano inmenso con cañas[1] y papel como una cometa. Clotilde y la cocinera le ayudan[2] y están admiradas[3] de lo que sabe el muchacho.

Según **Elena Fortún.**

[1] *roseaux* - [2] inf. ayudar : *aider* - [3] *étonnées.*

1. *Decid brevemente lo que representa esta foto :* ***la escena pasa... En primer término vemos... la madre y su hijo están... En segundo término el padre...***

2. *Haceos mutuamente preguntas para describir a cada miembro de esta familia : su apariencia, su actitud, sus ocupaciones...*

3. *¿Qué impresión se desprende* (se dégage) *de esta escena familiar?* ***De esta escena familiar se desprende una impresión de... lo digo porque...***

alto

« Merend**ando** (inf. merendar) en el jardín ».
« José Ramón está hac**iendo** (inf. hacer) ».

Observez la formation du gérondif :

-ar → **-ando.**
-er, -ir → **-iendo.**

Gran premio al mejor disfraz.

— A ella se le ve que algo raro[1] tiene. No es una mujer como todas. Parece muy joven, de unos veinticinco años cuanto más[2], una carita un poco de gata, la nariz chica, el corte de cara es... más redondo que ovalado, la frente ancha.

— ¿Y los ojos?

— Claros, casi seguro que verdes.

Según **Manuel Puig,** *El beso de la mujer araña.*

[1] *quelque chose d'étrange* - [2] *tout au plus.*

ALTO

« El corte... más redondo que ovalado ».
« La nariz chica ».
Les adjectifs terminés par « o » au masculin changent le « o » en « a » au féminin.
Ella « parece muy **joven** ».
Rappel (p. 16) : « Yo no soy tan **joven** ».
Observez la terminaison de cet adjectif au masculin et au féminin.
Attention à la forme des adjectifs qui ne se terminent pas par « o » au masculin (Cf. Gram. p. 164).

OBRAS

1. Utilizando el vocabulario del texto y de la foto precedente, describe este dibujo de una mujer-flor.

2. Lee el texto de Manuel Puig **en voz alta,** acentuando correctamente las palabras.

3. Separa en sílabas las palabras siguientes : (la) **mujer, joven,** (la) **nariz,** (el) **corte, redondo, verdes,** (el) **perfil** *(le profil).* Indica también la vocal tónica.

Breve encuentro

Es un atardecer de verano[1]. María está sentada junto a[2] una puerta abierta al campo[3] y cose. De cuando en cuando, mira hacia los campos.

Una cabeza menuda y despeinada asoma por[4] la puerta. La piel del gitanillo es oscura, y la dentadura blanca ofrece una sonrisa[5] que la emociona. Pide[6] agua; ella se levanta a buscar la botija[7].

— ¿A dónde vas, pequeño?
— Hacia allí.
— ¿De dónde vienes?
— Del otro lado de la Sierra.

Ve los ojos del pequeño, ojos de ángel[8].

— ¿Cómo te llamas?
— Gabrielillo.
— ¿Y qué más?
— Y nada más, ¿te parece poco? Y tú ¿cómo te llamas?
— María.

El niño junta[9] las manos, se ríe[10] y echa a[11] correr.

María ve cómo se aleja corriendo por el camino. El gitanillo se vuelve hacia[12] ella, sonriente, y saluda con la mano; luego desaparece[13].

Luis Romero (novelista español), *La noche buena.*

1 *un soir d'été.*
2 cerca de...
3 el campo : *la campagne.*
4 *apparaît à...*
5 *un sourire.*
6 inf. pedir : *demander.*
7 *la cruche.*
8 un ángel : *un ange.*
9 inf. juntar : *joindre.*
10 inf. reírse : *rire.*
11 *se met à...*
12 *se tourne vers...*
13 *puis il disparaît.*

ALTO

1. «... una puerta abierta **al** campo» (l. 2) (Rappel : «José va **al** colegio» p. 24).
«La piel **del** gitanillo...» (l. 5).
Notez la contraction de la préposition et de l'article défini :

a + el → al
de + el → del

2. Est**á**, all**í**, **á**ngel.
Souvenez-vous des règles d'accentuation régulière (Cf. pp. 23, 25).
Les mots ci-dessus font exception à ces règles.
Un accent graphique indique alors la place de l'accent tonique (Cf. Gram. p. 163).

3. Rappel : ¿A d**ó**nde...? ¿C**ó**mo...? ¿Qu**é**...?
Attention : ces mots obéissent aux règles d'accentuation régulière.
Ils portent cependant un accent graphique car ce sont des mots interrogatifs (Cf. note 3, p. 15).

4. El gitano - el gitan**illo**; Gabriel - Gabriel**illo.**
Quelle est la valeur du suffixe **-illo?** (Cf. Gram. p. 166).

OBRAS

— ¿A dónde vas, pequeño?
— Hacia allí.
— ¿De dónde vienes?
— Del otro lado de la Sierra.
— ¿Cómo te llamas?
— Gabrielillo.

Escribe en estilo indirecto este diálogo empezando por :
María le pregunta al niño a dónde va y el niño le contesta que...

Comprendre et commenter un texte en prose

Comprender y comentar un texto en prosa

Vous allez aborder l'étude ou la révision de ce texte. Après une ou plusieurs lectures, sans vous perdre dans les détails, essayez d'abord de définir de quoi il s'agit **(de qué se trata)** **globalement** dans le texte. Posez-vous les questions :
¿Cuándo pasa la escena? ¿Dónde estamos? ¿Quiénes son los personajes?

Il faut ensuite faire une étude plus détaillée du texte en tâchant de distinguer **les différentes étapes de l'action.**
A chacun des différents moments du texte **(las partes),** efforcez-vous de définir, puis d'expliquer la situation **(la situación)** des personnages, leurs actions **(sus acciones),** leurs sentiments **(sus sentimientos).**
Appuyez-vous le plus possible sur des éléments précis du texte : ce que disent **(lo que dicen)** les personnages et sur quel ton **(el tono).**
N'oubliez pas les descriptions **(las descripciones) :** les phrases longues ou plus courtes **(largas o más cortas),** leur rythme **(su ritmo),** ce que suggèrent certains mots **(lo que sugieren ciertas palabras).**

Tâchez de justifier vos affirmations : **« lo digo porque... ».**

L. 1 à 3 : **Al principio** *(au début),* **María... Parece una escena tranquila porque...**
Además *(en outre),* **el ritmo de estas primeras frases...**

L. 4 à 6 : **De repente** *(soudain),* **un niño... Su apariencia física (su cabeza...), sus actitudes nos permiten suponer que... Frente a este niño, María se emociona porque...**

L. 7 à 16 : **Como María no conoce al niño, quiere saber** *(elle veut savoir)***... pero las contestaciones del niño...**
Bien se ve *(on voit bien)* **que este gitanillo no es tímido ya que... Sin embargo** *(cependant),* **la expresión « ojos de ángel » sugiere...**

L. 17 à 20 : **Al final, el niño... El gitanillo se va sonriente porque... María mira al niño que « desaparece » : debe de ser** *(ce doit être)* **porque...**

Pour terminer, efforcez-vous de dégager les éléments essentiels du texte et concluez brièvement en donnant **un avis personnel.**
En conclusión, yo creo que, para María, este niño representa...
En efecto, si comparamos sus vidas...

> A l'issue de ce travail, vous devriez être capable, à livre fermé et en réemployant la langue du texte (mots, expressions, structures) de :
> - **résumer le contenu du texte,**
> - **présenter les personnages et décrire l'évolution de l'action,**
> - **donner une conclusion personnelle.**

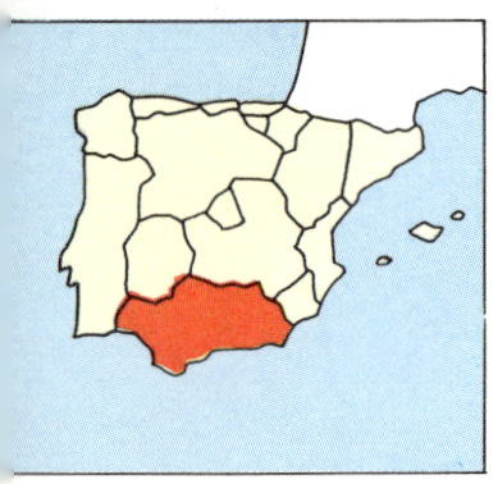

Por las calles de Marbella.

Soy feliz,[1]
soy feliz,
y no me dejo[2]
afligir.
Soy feliz,
voy a cantar,
y mis penas
pasarán.
« ¡Soy feliz ! »
repetiré,
y mi enfado[3]
olvidaré.
« ¡Soy feliz ! »
digo a la gente,
saludando
alegremente.

Rocío de Terán,
Los mifenses.

1 *heureux.*

2 inf. dejarse : *se laisser.*

3 *mon tracas.*

X2, DE LA FAMILIA de los Tulipanes[1]*, es un habitante del planeta MIF.*

Los mifenses son verdes. Cuando son adultos, miden[2] casi[3] un metro. Tienen en la cabeza tres antenitas que les sirven para cosas muy diversas : pueden predecir el tiempo, pueden oler[4] y oír a distancia, y otras muchas cosas útiles. Los pies de los mifenses son casi redondos, más bien[5] grandes, y tienen seis dedos, lo mismo que[6] sus manos. Los mifenses son muy ligeros[7], pesan muy poco.

Rocío de Terán, *Los mifenses.*

[1] *les tulipes.* - [2] inf. medir : *mesurer* - [3] *presque.* - [4] *sentir.* - [5] *plutôt.* - [6] como. - [7] *légers.*

Imagina que EQUIS DOS se presenta a sí mismo, hablando en primera persona :
*« **Me llamo... Vivo en... Soy de color... Mido casi...** »*

Diego Maradona es el futbolista número uno del mundo... Vive en Italia, pero no es italiano, es argentino. Maradona tiene 25 (veinticinco) años. Su cumpleaños *(son anniversaire)* es el 30 (treinta) de octubre. Los colores nacionales de Argentina son el azul y el blanco.

Imagina un diálogo :
— ¿Quién eres?
— ...
— ¿Dónde...?
— ...
— ¿Cuántos...?
— ...
etc.

Colores

Describe estas cuatro banderas. Busca otras dos y descríbelas también.

4

Paseando por el bosque.

1. *Describid este fotograma de película :* ***Por una alameda dos jóvenes... La mochila y la guitarra que llevan nos permiten suponer que... La hojarasca... los árboles...***

2. *Fijaos en la expresión y postura de los novios :* ***Como van de la mano... pero la muchacha... debe de ser porque... el muchacho, en cambio...***

3. *Y a vosotros, ¿os gustan los paseos por la naturaleza en otoño? ¿Por qué?* ***A mí me gustan... porque... A mí no me gustan... porque...***

— ¿Qué tiempo hace, Domingo?
— Como siempre, señorito.
— Vamos sí, ni bueno, ni malo.
— ¡Eso!

Miguel de Unamuno.

Bajo la lluvia

¡Cómo resbala[1] el agua por mi espalda[2]!
¡Cómo moja mi falda
y pone en mis mejillas[3] su frescura de nieve!
Llueve[4], llueve, llueve...
Un pájaro se baña
en una charca[5] turbia. Mi presencia le extraña...
se detiene[6]... me mira... nos sentimos amigos...
Los dos amamos mucho cielos, campos y trigos[7].

Juana de Ibarbourou (poetisa uruguaya).

[1] inf. resbalar : *glisser.* - [2] la espalda : *le dos.* - [3] las mejillas : *les joues.* - [4] inf. llover. - [5] en Esp. el charco : *la flaque.* - [6] inf. detenerse : *s'arrêter.* - [7] el trigo : *le blé.*

1. *¿Quién habla en este poema y qué nos cuenta?*

2. *¿Cómo veis, en los cuatro primeros versos, que a la poetisa le gusta muchísimo la lluvia? (Escuchad el tono, el ritmo, fijaos en la puntuación, etc.).*

3. *En los cuatro últimos versos, ¿qué sentimiento nace progresivamente entre el pájaro y la poetisa? ¿Cómo se nota en el poema? (Acciones de los dos personajes, transformaciones del ritmo con el número de palabras...).*

4. *¿En qué se parecen el pajarito y la poetisa?*

ALTO

1. (Se) detiene → detener(se); **Llueve** → llover.
Comparez ces deux présents de l'indicatif aux infinitifs correspondants. Que remarquez-vous ?

2. Écoutez la prononciation de ces formes verbales : les deux voyelles de la diphtongue ont-elles la même force ? Quelles sont les voyelles fortes et les voyelles faibles ? (Cf. Gram. p. 163).

Lluvioso anochecer en la Plaza Mayor de Madrid.

OBRAS

1. Separa en sílabas las palabras siguientes : **lluvia, agua, mejillas, nieve, poetisa.**
Indica también el acento tónico.

2. Describe libremente esta foto. Puedes utilizar palabras del texto.

Calendario

1988

ENERO

L	M	M	J	V	S	D
				1	2	**3**
4	5	**6**	7	8	9	**10**
11	12	13	14	15	16	**17**
18	19	20	21	22	23	**24**
25	26	27	28	29	30	**31**

FEBRERO

L	M	M	J	V	S	D
1	2	3	4	5	6	**7**
8	9	10	11	12	13	**14**
15	16	17	18	19	20	**21**
22	23	24	25	26	27	**28**
29						

MARZO

L	M	M	J	V	S	D
	1	2	3	4	5	**6**
7	8	9	10	11	12	**13**
14	15	16	17	18	19	**20**
21	22	23	24	25	26	**27**
28	29	30	**31**			

ABRIL

L	M	M	J	V	S	D
				1	2	**3**
4	5	6	7	8	9	**10**
11	12	13	14	15	16	**17**
18	19	20	21	22	23	**24**
25	26	27	28	29	30	

MAYO

L	M	M	J	V	S	D
						1
2	3	4	5	6	7	**8**
9	10	11	12	13	14	**15**
16	17	18	19	20	21	**22**
23	24	25	26	27	28	**29**
30	31					

JUNIO

L	M	M	J	V	S	D
		1	**2**	3	4	**5**
6	7	8	9	10	11	**12**
13	14	15	16	17	18	**19**
20	21	22	23	24	25	**26**
27	28	29	30			

JULIO

L	M	M	J	V	S	D
				1	2	**3**
4	5	6	7	8	9	**10**
11	12	13	14	15	16	**17**
18	19	20	21	22	23	**24**
25	26	27	28	29	30	**31**

AGOSTO

L	M	M	J	V	S	D
1	2	3	4	5	6	**7**
8	9	10	11	12	13	**14**
15	16	17	18	19	20	**21**
22	23	24	25	26	27	**28**
29	30	31				

SEPTIEMBRE

L	M	M	J	V	S	D
			1	2	3	**4**
5	6	7	8	9	10	**11**
12	13	14	15	16	17	**18**
19	20	21	22	23	24	**25**
26	27	28	29	30		

OCTUBRE

L	M	M	J	V	S	D
					1	**2**
3	4	5	6	7	8	**9**
10	11	12	13	14	15	**16**
17	18	19	20	21	22	**23**
24	25	26	27	28	29	**30**
31						

NOVIEMBRE

L	M	M	J	V	S	D
	1	2	3	4	5	**6**
7	8	9	10	11	12	**13**
14	15	16	17	18	19	**20**
21	22	23	24	25	26	**27**
28	29	30				

DICIEMBRE

L	M	M	J	V	S	D
			1	2	3	**4**
5	**6**	7	**8**	9	10	**11**
12	13	14	15	16	17	**18**
19	20	21	22	23	24	**25**
26	27	28	29	30	31	

1. *¿Cuántos meses tiene el año? ¿Cuáles son?*

2. *El año se divide en cuatro estaciones : la primavera, el verano, el otoño, el invierno. ¿ Cuántos meses dura cada estación?*

3. *¿Qué día empieza y qué día acaba cada una?*

OBRAS

1. a. A ti ¿qué estación te gusta más? ¿Por qué la prefieres?
A mí, la estación que más me gusta... La prefiero porque...

b. ¿Cuál es la que te gusta menos? ¿Por qué?
A mí, la estación que menos me gusta... No me gusta porque...

2. A partir de los elementos ya estudiados, dibuja la estación que prefieres y describe tu dibujo. Si no te gusta dibujar, busca otro documento y descríbelo (foto, tarjeta postal, calendario, etc.).

ALTO

Attention à la construction du verbe **gustar :**

(a mí)	me gusta el otoño.
(a ti)	no te gustan todas las estaciones.
(a él, a ella, a usted)	le gustan el calor y el sol.
(a nosotros, a nosotras)	nos gusta el silencio.
(a vosotros, a vosotras)	no os gusta el frío.
(a ellos, a ellas, a ustedes)	les gustan los domingos.

Comienzo de curso

Ya se doran las hojas, ya las tardes
Son lo mejor[1] *del día.*
(...)
Ya comienza el curso.
Aprender, enseñar, lecciones, aulas.
Siempre en octubre comenzaba[2] *el año.*

Jorge Guillén (poeta español).

[1] lo mejor : *ce qu'il y a de meilleur.*

[2] inf. comenzar : *3e pers. du sing. de l'imp. de l'ind.*

1. *¿En qué momento del año nos sitúa el poema? ¿Cómo lo sabemos?*
2. *¿Con qué coincide este período para los niños?*
3. *¿Cuándo comenzaba el curso para Jorge Guillén?*
4. *Y vosotros ¿ cuándo empezáis?*

ALTO

1. Qu'avions-nous remarqué pour les verbes « detenerse », « llover » ? Trouvez dans ces deux pages d'autres verbes qui diphtonguent.

2. Apprenez le présent de l'indicatif de **Comenzar** :

Com**ie**nzo
Com**ie**nzas
Com**ie**nza
Comenzamos
Comenzáis
Com**ie**nzan

3. Día (v. 2). Rappels : **María** (p. 34) ; **se ríe** (p. 34).
L'accent écrit sur la voyelle **i** brise la diphtongue : il en résulte deux syllabes.

Vendedor de frutas en Colombia.

Adivinanza :
A veces blanquita,
a veces negrita,
y siempre bolita...

La uva

Francisco de Goya : *Partida de caza,* 1775 (Museo del Prado, Madrid).

Commenter un tableau
Comentar un cuadro

L'étude d'un tableau **(un cuadro)** demande une très grande attention, car il s'agit d'une scène organisée par le peintre **(el pintor)** qui joue sur les différents plans **(los términos),** les formes **(las formas),** les lignes **(las líneas),** les couleurs **(los colores),** la lumière **(la luz)** et l'ombre **(la sombra).** Dans cette œuvre, l'artiste nous donne un témoignage sur la vie de son époque ou suggère une de ses idées, sa réflexion personnelle...

Vous pouvez, par exemple, adopter le plan suivant :

• DÉFINISSEZ brièvement la nature du document (ici, on emploiera le terme général, **un cuadro,** mais il s'agit parfois d'un portrait, **un retrato,** ou d'une nature morte, **un bodegón)** et son sujet **(¿Dónde y cuándo pasa la escena? ¿Quiénes son los personajes? ¿Qué están haciendo?)**

• PRÉSENTEZ sa composition (comment il s'organise) :

En primer término (en el primer plano) / **En segundo término (en el segundo plano)** } **vemos (vemos a...)...**
En el fondo divisamos...

• OBSERVEZ maintenant avec précision :

En primer término tres cazadores ...
Los tres visten ...
A la derecha, andando con la escopeta dirigida hacia el suelo, un cazador ...
Su perro husmea *(flaire)* ; **podemos suponer que ...**
A la izquierda, vemos a otros dos que ...
Si comparamos las dos líneas dibujadas por las escopetas...
En segundo término dos hombres montados a caballo y sus tres galgos ...
Mientras tanto, los ojeadores *(les rabatteurs)* **que han levantado la liebre con sus palos** *(leurs bâtons)* **...**
Las líneas principales del primer término eran más bien *(plutôt)* **... mientras que las del segundo término ...**

En el fondo, detrás de los árboles, divisamos ...
La presencia del castillo nos permite pensar que ...

• CONCLUEZ personnellement :

Vous pouvez aimer ou ne pas aimer ce tableau, mais demandez-vous pourquoi :
Me gusta / No me gusta este cuadro de Goya porque ...
En efecto, de este cuadro se desprende una impresión de ...
Además, nos parece que oímos ..., olemos ...

• REPENSEZ, à la maison, le commentaire fait en classe et essayez de rédiger un paragraphe.

Canción de otoño

Por un camino de oro van los mirlos[1]*...*
¿Adónde?
Por un camino de oro van las rosas...
¿Adónde?
Por un camino de oro voy...
¿Adónde,
otoño? ¿Adónde, pájaros[2] *y flores?*

Juan Ramón Jiménez (poeta español).

[1] *les merles.* - [2] los pájaros : *les oiseaux.*

Alto

1. « Por un camino de oro voy... **¿Adónde,** otoño? »
Rappel : ¿Dónde estás sentado en clase de español? (p. 22).
Notez que l'adverbe de lieu **dónde** devient **adónde** (préposition a + dónde) lorsqu'il accompagne un verbe de mouvement.

2. Apprenez le présent de l'indicatif du verbe **IR** (aller) :

Voy	Vamos
Vas	Vais
Va	Van

Commenter un poème
Comentar un poema

Vous abordez l'étude ou la révision de ce poème. Lisez-le ou écoutez-le plusieurs fois. Comme pour tout autre document, essayez d'abord de saisir **globalement** de quoi il s'agit :
Como lo indica el título, en este poema se trata de ... y el poeta, en primera persona (« voy »), evoca ...

Un poème se commente de façon suivie dans l'enchaînement de ses strophes **(las estrofas)**, de ses vers **(los versos)**. **Sans séparer** les procédés employés **(los procedimientos empleados)**, car c'est **leur union** qui donne son sens au poème, interrogez-vous, par exemple, sur les points suivants :

- la composition du poème **(la composición del poema) :**
3 de los 7 versos comienzan por ...
En otros 4 se repite la pregunta ...
Estas repeticiones crean un ritmo ..., una tonalidad ...
- les images poétiques, les métaphores **(las metáforas)** qu'il faut comprendre et expliquer, car elles n'appartiennent pas à notre langage quotidien :
En el primer verso, el poeta utiliza la metáfora ... Sabemos que en otoño las hojas de los árboles ... y el oro puede sugerir (suggérer) ...
- les êtres et les choses, ce qu'ils peuvent symboliser **(lo que pueden simbolizar) :**
La rosa, flor muy bella, simboliza ..., el canto del mirlo puede evocar ..., pero el otoño anuncia ...
- les sonorités **(las sonoridades)** et le rythme **(el ritmo) :**
— les rimes **(las rimas) :** répétition du son en fin de vers ;
— les allitérations **(las aliteraciones) :** répétition d'une consonne à l'intérieur même du vers ;
— les répétitions de voyelles **(las vocales).**
« Por un camino de oro voy... »
En este verso domina ... y lo suave *(la douceur)* **de esta vocal sugiere...**
- Revenez ensuite à une vue d'ensemble, enrichie par votre étude de détail. Dans **votre conclusion,** formulez brièvement ce qu'à votre avis le poète a voulu exprimer **(expresar) : El poeta está paseándose por ... Como el otoño anuncia ... y el camino puede simbolizar la vida, comprendemos que Juan Ramón Jiménez medita a propósito de ...**
- Montrez aussi que le poème est construit en fonction du message qu'il veut transmettre : **La construcción del poema ilustra bien los dos aspectos : la descripción, la meditación. En efecto, en los versos largos, el poeta evoca ..., y en los versos cortos, se pregunta ...**
- Donnez enfin votre avis personnel ; essayez d'exprimer ce qui fait pour vous l'originalité **(la originalidad)** de ce poème, les sentiments **(los sentimientos)** qu'il vous inspire : **Este poema me parece ... Me inspira un sentimiento de ...**

> Cette étude terminée, vous devez être capable de **présenter brièvement** le poème : ses aspects essentiels, ce qu'il évoque pour vous.
>
> **Apprenez-le par cœur** et récitez-le à haute voix. Basez **votre interprétation** (le ton, la ponctuation, le rythme) sur ce que l'étude de détail a révélé.

5 ¡Pase! ¡Está en su casa!

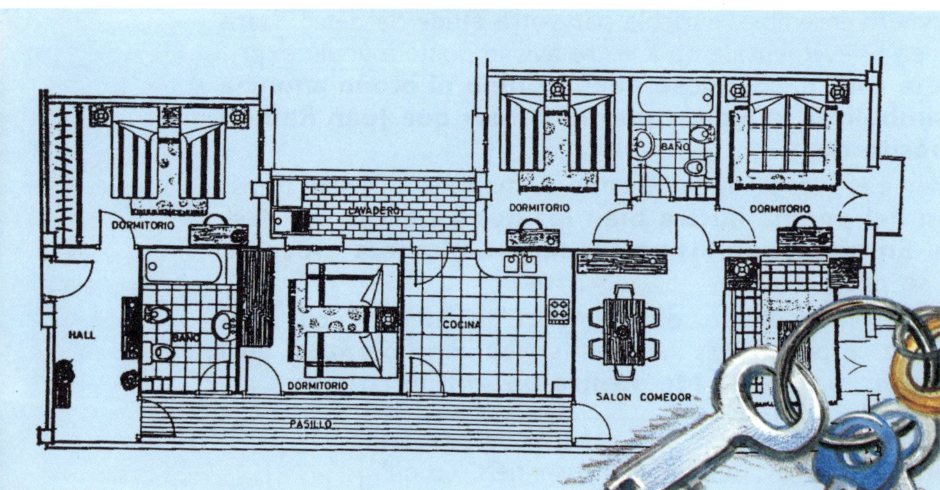

¡Con las llaves en mano!

Una visita tan esperada...

Suena el timbre de la puerta... Marcelino se arregla un poco la corbata[1], nervioso, y abre la puerta de la escalera. Entra Maribel. Es joven... Vestido llamativo[2]. Zapatos llamativos. Peinado[3] llamativo. Natural.

MARIBEL. — Hola.

MARCELINO. — Hola, Maribel... Pasa, pasa por aquí.

MARIBEL (*Lo mira todo, extrañada[4]*). — ¡Anda! ¡Qué piso[5]!

MARCELINO. — ¿Te gusta?

MARIBEL. — Bueno, tú... ¿Pero qué es esto? ¿Un museo o qué?

MARCELINO. — No... Es mi casa... Bueno, mejor dicho... Yo vivo aquí ahora.

MARIBEL. — Pues hijo... ¡Pero si hay hasta un loro[6]!

MARCELINO. — No es un loro. Es una cotorra[7]. Se llama Susana.

MARIBEL. — ¿Susana?... Oye tú... *(Mira los cuadros que hay en la pared).* A mí esta casa no me gusta nada[8].

(...) Aparece doña Matilde. Marcelino la presenta.

MARCELINO. — Es mi madre, Maribel.

DOÑA MATILDE. — Muchísimo gusto en saludarla, señorita. Pero, siéntese[9], siéntese...

MARIBEL. — Es que tengo un poco de prisa[10], la verdad...

Miguel Mihura (escritor español), *Maribel y la extraña familia.*

1 *la cravate.*
2 *voyant.*
3 el peinado : *la coiffure.*
4 *étonnée.*
5 el piso : *ici, l'appartement.*
6 *un perroquet.*
7 *une perruche.*
8 nada : *ici, pas du tout.*
9 *asseyez-vous.*
10 inf. tener prisa : *être pressé.*

1. *Presentad a los personajes de esta escena teatral : ¿se parecen? (Fijaos en su aspecto, sus modales* — leurs manières —, *su lenguaje...).*

2. *¿Por qué compara Maribel esta casa con un museo?*

3. *Recordando la personalidad de Maribel, imaginad qué tipo de casa puede gustarle más.*

4. *¿Cómo acogen* (accueillent) *a la joven Marcelino y su madre? ¿Qué esperan de esta visita? Pero, ¿está de acuerdo Maribel?*

5. *¿Por qué resulta cómica y nos hace reír esta escena? (Oposiciones entre los personajes, reacciones de Maribel en esta casa burguesa...).*

OBRAS

1. Aprende con dos compañeros este diálogo sacado de una obra teatral para representarlo después delante de todos (¡Cuidado con la entonación de las réplicas y con los ademanes — *les gestes* — indicados por las acotaciones escénicas — *les indications scéniques* —!)

2. Marcelino le pregunta a Maribel por qué no le gusta esta casa. Ella se lo explica. Imaginad el diálogo.

Entre amigos

« He aquí cómo el poeta vuelve viejo a su patria. »

Don Joaquín se detiene[1] un momento en el umbral[2]; le acompaña un criado[3].

— ¿Cómo está usted, don Joaquín ? — le dice doña Juana.

— ¿Qué tal le va a usted, don Joaquín ? — le dice don Antonio.

— ¿Y ustedes ?... ¿Y ustedes ?... ¿Cómo se encuentran ? ¡Caramba ! La verdad es que hace tiempo que no nos veíamos[4]. Y ahora tampoco[5] nos vemos... Digo, yo soy el que no puedo ver a ustedes.

Doña Juana ha acercado un sillón.

— Siéntese usted aquí, don Joaquín.

Don Antonio coge de la mano a don Joaquín y lo lleva hasta el sillón. Don Joaquín se sienta con cuidado[6], lentamente.

Azorín (escritor español), *Los pueblos.*

1 inf. detenerse : *s'arrêter.*
2 *le seuil.*
3 *un domestique.*
4 inf. : ver (imp. ind.).
5 *non plus.*
6 *avec précaution.*

1. *¿Cuántos personajes aparecen en este texto y quiénes son ?*

2. *¿Qué nos permite comprender el texto acerca de don Joaquín ? Justificad vuestra respuesta.*

3. *¿Cómo se ve que son todos buenos amigos ?*
¿Cómo tratan doña Juana y don Antonio a don Joaquín ?

aLTO

1. « ... yo soy el que no puedo ver **a** ustedes. »
« Don Antonio coge de la mano **a** don Joaquín. »
Notez bien l'emploi de la préposition **a** devant un complément d'objet direct qui désigne une personne déterminée (Cf. Gram. p. 182).

2. Comparez ces trois présents de l'indicatif aux infinitifs correspondants :

se enc**ue**ntran	v**ue**lve	p**ue**de
enc**o**ntrarse	v**o**lver	p**o**der

Que remarquez-vous ? N'avons-nous pas déjà rencontré un phénomène semblable au présent de l'indicatif ? Pour quels verbes ? Comment appelle-t-on cette irrégularité ? (Cf. Gram. p. 187).
Apprenez le présent de l'indicatif de **Poder :**

Puedo
Puedes
Puede
Podemos
Podéis
Pueden

OBRAS

1. Conjuga en presente de indicativo : volver a casa.

2. **Don Joaquín se detiene un momento en el umbral; le acompaña un criado... Don Antonio coge de la mano a don Joaquín y lo lleva hasta el sillón. Don Joaquín se sienta con cuidado, lentamente.**

- Después de copiar este párrafo en tu cuaderno de ejercicios, indica cuáles son, en estas frases, los verbos con su infinitivo y los sujetos.

- Separa en sílabas las palabras siguientes :
verdad, lentamente, criado, Antonio, cuidado.
Indica también el acento tónico.

Charlando con el abuelo (fotograma de la película *La Historia Oficial* de Luis Puenzo).

Tomando un refresco.

1. *Situad y describid a las personas de esta foto (dónde están, cómo visten, qué están haciendo).*

2. *Tratad de adivinar cuándo fue sacada esta foto :* ***Como los clientes de la cafetería están instalados en una terraza... Están vestidos ligeramente*** (légèrement) ***pues... Todos están bebiendo refrescos*** (des rafraîchissements), ***entonces es de suponer que...***

3. *¿Qué pasa con los tres perros?* ***Como uno de los tres está debajo de una silla, podemos imaginar que... Los otros dos...***

4. *¿Os parece agradable tomar un refresco en una terraza?* ***A mí me parece agradable porque permite mirar... Pero como la terraza está fuera*** (à l'extérieur)...

JUEGOS Y DIVERSIONES

Crucigrama

	A	B	C	D	E	F	G
1	■						
2				■	■		
3							
4			■			■	
5							
6						■	
7		■					

Horizontales

1. Una de las personas del presente de indicativo del verbo sentar.
2. Flor simbólica. Existe, vive.
3. En él juntamos las llaves.
4. Contracción de la preposición y del artículo. Dirigirse.
5. Que respeta la moda (se opone a anticuado).
6. Que tiene muchos años (califica una bebida : vino o licor).
7. Aves (oiseaux) de plumas de colores llamativos y que hablan.

Verticales

A. Tocar el timbre de la puerta.
B. Don Joaquín se sienta en él.
C. Diminutivo de un nombre de niña. Contracción de la preposición y del artículo.
D. No es joven.
E. Correr mundo, vagabundear como el gitanillo.
F. Repite tres veces.
G. Aparecéis a la puerta o a la ventana como Gabrielillo.

Juego de las 7 diferencias : encuentra por lo menos siete diferencias (haz frases variando los verbos).

6

Turistas en Marbella : el desayuno.

1. *Describid la foto (la mesa, lo que están haciendo los muchachos...).*

2. *¿Cómo podemos comprender que no son niños españoles sino turistas?*

3. *Vosotros, ¿soléis comer huevos por la mañana? ¿Con qué soléis desayunaros?* ***(Yo suelo desayunarme con...).***

Restaurante en Cadaqués.

1. *¿Desde dónde y en qué momento fue sacada esta foto?*

2. *Describid los diferentes términos.*

3. *¿Os gustaría comer en este restaurante?*
¿Qué tal os parece el lugar?

JUEGOS Y DIVERSIONES

S	M	I	B	O	T	E	L	L	A
M	E	O	L	L	I	H	C	U	C
U	R	R	E	X	J	Y	C	R	U
V	M	H	V	N	E	U	A	O	C
G	E	J	O	I	C	M	F	D	H
J	L	Z	U	H	L	P	E	E	A
D	A	G	A	E	A	L	T	N	R
T	D	R	O	N	U	A	E	E	I
Z	A	N	R	U	E	T	R	T	T
C	S	A	P	O	C	O	A	B	A

Localiza, entre las letras del recuadro, los nombres de trece elementos del dibujo.

En la taberna "Treinta y siete"

Entre risas y codazos se instalan en las mesas de la taberna y a voces, piden al camarero que les sirva[1].

— Oye tú... Mi cocidito y media[2] de tinto.

— Y a mí también.

— A mí, tráeme mis judías[3], de las rojas... De esas de Tolosa que guardáis para los clientes buenos.

— Un bocadillo[4] de tortilla y media[5] de callos.

Julián va de mesa en mesa, atendiendo[6] a todos.

Dolores Medio (escritora española), *Andrés.*

[1] *ils demandent au garçon de les servir.*
[2] media botella.
[3] las judías : *les haricots.*
[4] *un sandwich.*
[5] media porción.
[6] sirviendo.

1. *Presentad a los personajes de este texto.*

2. *¿Cómo comprendemos que esos clientes suelen comer en la taberna « Treinta y siete »?*

3. *¿De qué clase de establecimiento se trata? Justificad vuestra respuesta.*

¡Oiga! ¿Cuánto es?

¡Camarero! ¡Tráigame usted la carta, por favor!

Cocinero haciendo paella.

ALTO

1. Remarquez la différence de graphie entre l'adjectif possessif **mi** (« mi cocidito ») et le pronom personnel complément **mí** (« A mí, tráeme »). Il en va de même pour l'adjectif possessif **tu :** « en tu casa », et le pronom personnel **tú :** « oye tú ». A quoi sert l'accent écrit dans ce cas ? (cf. Gram. p. 163).

2. « Mi cocid**ito** » : remarquez ici la valeur affective du suffixe **-ito.**

Receta de la paella valenciana

Freír el pollo, 200 gramos de cerdo y salchichas en aceite de oliva. Añadir tres tomates, ajo, dos o tres pimientos, guisantes, alcachofas, algunos langostinos y calamares. Echar medio litro de arroz en un litro de agua. Sazonar (sal y azafrán). Cocer durante diez minutos a fuego vivo y diez minutos a fuego lento.

¡Buen provecho!

¡Así se debe comer!

La abuela[1] preside la mesa del comedor y sigue con la mirada todo lo que sucede[2]... Paulina[3] termina de servir el segundo plato a las niñas...

PAULINA : Irene, ¿Es que nadie te ha enseñado a comer como una persona? Mira... Tienes que coger el tenedor así... ¿Te das cuenta?

Irene intenta[4] imitarla, pero lo hace bastante mal. Ana está luchando[5] en estos momentos con un pedazo de carne...

PAULINA : Y tú, Ana, por favor... el cuchillo. No sabéis comportaros en la mesa, ¿será posible? Juana, se come con la boca cerrada...

ANA : A mí, nadie me ha enseñado.

La contestación indigna a Paulina.

PAULINA : No digas tonterías[6]. ¿Me quieres[7] decir tú a mí que tus padres no te han enseñado a comer?

Ana empieza a hablar como para sí misma.

ANA : Pues a mí nadie me ha enseñado... yo siempre he comido así...

PAULINA : ¿Qué es lo que dices?

ANA : Nada.

La abuela, imperturbable, sigue atentamente la conversación.

Carlos Saura, *Cría cuervos.*

1 *la grand-mère.*
2 lo que sucede : lo que pasa.
3 tía de las niñas. (hermana de la madre).
4 inf. intentar : *essayer.*
5 *est en train de lutter, se débat.*
6 *ne dis pas de sottises.*
7 inf. querer.

1. *Presentad brevemente el asunto (el tema) del texto.*

2. *¿Qué pensáis de cada uno de los personajes? Justificad vuestras respuestas con elementos precisos del texto.*

3. *Es la tía la que cuida de (se ocupa de) sus sobrinas : ¿cómo se puede explicar esto?*

Ana comiendo, fotograma de *Cría cuervos,* película de C. Saura.

ALTO

1. Comparez **dices** (l. 19) et **decir** (l. 14).
On trouve la même irrégularité dans les formes :
« La abuela **sigue** con la mirada » (l. 1).
« Los clientes **piden** al camarero... » (Texte p. 54).
Retrouvez les infinitifs de ces verbes.

Apprenez le présent de l'indicatif de **Pedir** :

Pido
Pides
Pide
Pedimos
Pedís
Piden

N.B. :
DECIR, 1re pers. du sing. irrégulière : **digo.**
SEGUIR, modification orthographique à la 1re pers. du sing. : **sigo.**

2. **« ...** yo siempre **he comido...** » (l. 17).
« ... nadie me **ha enseñado...** » (l. 17).
« ... tus padres no te **han enseñado...** » (l. 15).

Apprenez à construire le passé composé (perfecto compuesto) : auxiliaire haber au présent de l'indicatif + participe passé.

Présent de l'indicatif de HABER :

He Has Ha Hemos Habéis Han	+	enseñ**ado** com**ido** viv**ido**	(enseñ**ar**) (com**er**) (viv**ir**)

OBRAS

1. Siguiendo el modelo de PEDIR, conjuga en presente de indicativo : REÑIR *(gronder)* a los niños.

2. Transcribe las frases siguientes en perfecto compuesto, empezando por **« Hace poco... »** (passé récent).
— Estudiamos una secuencia de película.
— Comentáis el texto.
— Las niñas comen ruidosamente.
— Irene coge mal el tenedor.

3. A imitación de este diálogo, redactad una conversación en vuestra casa a la hora de la comida.

Murillo, *Niños comiendo pasteles* (1670-1675).

1. *Fijaos en la fecha de composición del cuadro : ¿en qué siglo fue pintado?*

2. *Describid este cuadro (recordad el método sugerido p. 43).*

3. *Fijándoos en la apariencia de los niños, intendad deducir quiénes serán (pueden ser) :* ***su ropa harapienta y sus pies descalzos nos dan a pensar que..***

4. *Imaginad cómo han podido obtener tanta comida.*

5. *¿Qué diferentes impresiones se desprenden de esta escena?* ***(la apariencia física de los chicos sugiere... pero sus caras sonrientes... el perro... los colores...).***

La hora de la merienda

ADA y MÁXIMO.

La criada va disponiendo[1] *el té en silencio.*

ADA. — ¿Tomarás[2] una taza de té con nosotros?

MÁXIMO. — Un momento sólo; me he entretenido[3] en el laboratorio, y hoy tenemos que cenar[4] temprano[5]. ¿Javier no está?

ADA. — Acostado.

MÁXIMO. — ¿Enfermo?

ADA. — Fatigado. Gracias, Luisa; déjelo ya. *(Sale la criada.)* ¿Y por qué tanta prisa?[6]

MÁXIMO. — Esta noche voy con Genoveva al concierto... ¡Schumann! A Genoveva le encanta Schumann; le va bien esa melancolía tranquila.

Alejandro Casona (escritor español), *Las tres perfectas casadas.*

[1] inf. disponer : *disposer.*
[2] *prendras-tu...*
[3] inf. entretenerse : *s'attarder.*
[4] cenar, la cena (última comida del día).
[5] lo contrario de tarde.
[6] tanta prisa : *tant de hâte.*

ALTO

1. Apprenez le passé composé de ENTRETENERSE (ici : s'attarder) :

Me he entretenido	Nos hemos entretenido
Te has entretenido	Os habéis entretenido
Se ha entretenido	Se han entretenido

2. «... me **he** entreten**ido**...» (je me suis attardé) (l. 4).
Nos **hemos** entreten**ido** (nous nous sommes attardés).
Souvenez-vous p. 56 : **Yo siempre he comido así** (moi, j'ai toujours mangé ainsi).
Observez les différences entre le passé composé espagnol et le passé composé français (auxiliaires, accords) (Cf. Gram. p. 195).

3. «... **tenemos que** cenar...» (l. 5). Cf. p. 56 : «**Tienes que** coger el tenedor...»
Quelle idée exprime la structure **tener que...**? (Cf. Gram. p. 182).

De 12 a 4

De 7'30 a 11

El señor cenará solo...

De noche. En casa de Gustavo Ferrán... Un diván, butacones, una mesita baja preparada para una cena fría de dos cubiertos y un gran reloj de madera tallada[1]... Candelabros. Gustavo Ferrán, de smoking, escribe acodado a un viejo bargueño[2].

Entra Francisco con botellas y cubiertos que irá disponiendo[3] en el curso del diálogo.

FERRÁN. — ¿Qué hora tenemos, Francisco?
FRANCISCO. — Van a dar las once.
FERRÁN. — ¿Ya? ¿Está dispuesto[4] todo?
FRANCISCO. — Todo, señor. ¿Debo quedarme a servir la mesa, o debo retirarme?
FERRÁN. — Retirarte.
FRANCISCO. — ¿Dejo, entonces, preparado el café?
FERRÁN. — Nunca[5]; es de las pocas cosas que a mí me gusta hacer... *(Se levanta.)*
FRANCISCO. — Ya. Entonces empiezo a comprender; el señor, esta noche, cenará solo, con dos cubiertos; no comerá nada, beberá mucho... y mañana temprano saldrá de viaje[6]. Como todos los años.
FERRÁN. — Exacto. No sé si por fin cenaré solo. Pero, de todos modos, mañana estaré de viaje... Y esta vez[7] será un viaje largo...

Alejandro Casona (escritor español), *Las tres perfectas casadas.*

1 *horloge en bois sculpté.*
2 *un secrétaire.*
3 *qu'il disposera.*
4 *part. passé irrégulier de* disponer.
5 nunca : *jamais; ici : jamais de la vie.*
6 inf. salir de viaje : *partir en voyage.*
7 *cette fois-ci.*

ALTO

1. « ... cenaré **solo** » (l. 20).
Ne confondez pas **sólo** (adverbe) et **solo** (adjectif). Qu'est-ce qui permet de les distinguer l'un de l'autre ? Connaissez-vous d'autres exemples semblables ? (Cf. Gram. p. 163).

2. « ... que **irá disponiendo** » (l. 5).
Rappel : « La criada **va disponiendo.** » (p. 59, l. 2).
De quels éléments se compose cette structure ?
Elle exprime le déroulement progressif d'une action.

3. « (Yo) **cenaré...** »
« El señor **beberá...** »
« El criado **irá** disponiendo los cubiertos ».

Apprenez le futur de l'indicatif (Pour sa formation, cf. Gram. p. 192).

cenaré	beberé	iré
ás	ás	ás
á	á	á
emos	emos	emos
éis	éis	éis
án	án	án

N.B. : « Mañana temprano **saldrá** (Vd) de viaje ».
Remarquez l'irrégularité du futur de SALIR.

OBRAS

Vas con unos amigos al restaurante Kenia en Madrid. El camarero os trae la carta y vosotros le pedís lo que vais a tomar **(De primero..., de segundo..., de postre... Para beber...).** Imagina la conversación.

Mensaje : Sustituye cada letra de este mensaje por la que sigue en el alfabeto y encontrarás una fórmula que se suele utilizar a la hora de comer : ¡ATDM OQÑUDCÑ!

7

Mercado indio en el Perú.

Canción
Señora Chichera

Señora Chichera, véndeme chichita (bis)
si no tienes chicha, cualquiera cosita.
¡Huy, la palomita!

Inti-Ilimani.

Supermercado mexicano.

1. *Describid la foto de esta página (Las diferentes secciones..., las cajeras..., los jóvenes empleados con su delantal...).*

2. *Comparad con la página anterior : ¿qué doble aspecto de la realidad hispano-americana nos dan a conocer estos dos documentos?*

3. *¿Cuáles son, a vuestro parecer, las ventajas y los inconvenientes de cada tipo de comercio?*

Buscando a María

Entrada del pueblo. (Atardecer)

Hay poca gente. Luis ve el local del correo[1]*. Se detiene*[2]*, mira los demás negocios, ve una papelería, titubea un momento. Entra al negocio. Lo atiende*[3] *un vendedor de mediana edad.*

VENDEDOR. — ¿Qué se le ofrece?

LUIS. — Una postal, por favor. De esta zona, si hay.

VENDEDOR. — Ni de esta zona ni de otra.

LUIS. — Papel y sobre[4], entonces.

(El vendedor le alcanza[5] *un block. Va a buscar sobres.)*

No, unas pocas hojas. Me alcanza con una[6] en realidad.

VENDEDOR *(trayéndole un paquete de sobres).* — No hay más que en paquete.

LUIS *(resignado y colocándose en un extremo del local).* — ¿Me permite que escriba dos líneas acá dentro?

VENDEDOR *(muy seco).* — Está en su casa.

LUIS. — Gracias... Perdone usted, es que yo... Ando buscando[7] una casa, de la familia Linares. ¿Me puede decir dónde queda? *(Le paga.)*

VENDEDOR *(recibiendo el dinero y dándole el vuelto*[8]*).* — A esta hora no hay nadie en la casa.

LUIS. — ¡Ah, no sabía...! ¿Y la hija...? ¿Ella no estará?

VENDEDOR. — ¿Qué hija?

LUIS. — M... María...

Manuel Puig (escritor argentino), *La cara del villano.*

[1] *la poste.*
[2] inf. detenerse : *s'arrêter.*
[3] inf. atender : *s'occuper de, servir.*
[4] un sobre : *une enveloppe.*
[5] *ici : il lui tend.*
[6] *une seule me suffit.*
[7] *je suis à la recherche de...*
[8] *en Espagne,* la vuelta : *la monnaie.*

ALTO

Trayéndo**le** (traer). Dándo**le** (dar). Colocándo**se** (colocarse).

Observez la place du pronom. L'enclise du pronom personnel est obligatoire au gérondif.

Rappel :
« Llamar**se** » (p. 18).
« ... comportar**os** en la mesa » (p. 56).
« ... tráe**me** mis judías » (p. 54). « Siénte**se** usted aquí » (p. 48).

Dans quels autres cas l'enclise est-elle obligatoire ? (cf. Gram. p. 174).

OBRAS

Aprende con un compañero este diálogo sacado de un guión *(un scénario)* para representarlo después delante de todos (¡Fíjate bien en las diferencias de tono!).

Tienda de modas en Buenos Aires.

1. *Describid esta foto (el escaparate con sus maniquíes, la cliente eventual que está mirando, los transeúntes que pasan por la calle...).*

2. *Preguntaos dónde estaba el fotógrafo cuando sacó la foto. A vuestro parecer, ¿por qué puede ser interesante esta perspectiva? (los contrastes de colores, el punto de vista del vendedor, una visión diferente de la calle...).*

«Almacén Don Manolo» : Manolito va limpiando la caja registradora...

Billetes y monedas de la España de hoy

100 ciento
200 doscientos
300 trescientos
400 cuatrocientos
500 quinientos
600 seiscientos
700 setecientos
800 ochocientos
900 novecientos

ALTO

Observez le tableau ci-dessous :

m	c	d	u	
	1	0	1	ciento uno
1	2	3	6	mil doscientos treinta y seis

Dans la formulation d'un nombre, à quelle **unique** place apparaît la conjonction « y » ?
(cf. Gram. p. 165).

OBRAS

Ejercicio :
Valiéndote de (utilizando) los números del modelo dado en ALTO y de los números que se leen al pie de las páginas del libro, escribe en letras los números siguientes :
51 - 78 - 99 - 101 - 214 - 522 - 2406 - 9999.

JUEGOS Y DIVERSIONES

Problemas :

- Este jardinero gana setecientas cincuenta y cinco pesetas por hora y trabaja ocho horas diarias, cinco días a la semana. Calcula su sueldo semanal y di cómo le puede pagar en efectivo *(en liquide)* el patrón, usando el menor número posible de billetes o monedas. Dibújalos si quieres.

- Quieres comprar chicles de a 4 duros (1 duro = 5 pesetas) el paquete. Tienes una moneda de 50 pesetas. ¿Cuántos puedes comprar? ¿Qué monedas te devolverá el vendedor?

¿ Recuerda usted su itinerario, don Luis ?

Comprruebe que su firma tiene cada vez mayor solidez.

De niño,...

Cuando todavía[1] veía el mundo desde la ventana, ya tenía[2] su propia forma de entenderlo[3].

Unos años más tarde,...

Seguía trabajando y aprendiendo para conseguir que su vida tuviera[4] una línea bien definida.

Al principio de su vida profesional,...

Empezaba a conseguir[5] sus primeros frutos. Su camino empezaba a tomar forma.

Ahora,...

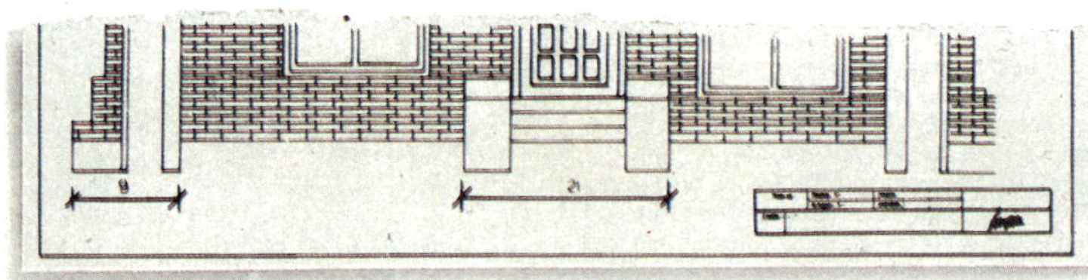

Cada vez, sus proyectos se parecen más[6] a la imagen que siempre ha tenido dentro de sí. Llevan su firma.

Ahora es el momento de disponer de la Tarjeta American Express.
La Tarjeta que no tiene límite de gastos preestablecido.
Con ella puede comprar en más de 40 000 establecimientos de toda España.

LA TARJETA AMERICAN EXPRESS.

[1] todavía : *encore.*
[2] ya tenía : *vous aviez déjà.*
[3] entenderlo : comprenderlo.
[4] para conseguir que su vida tuviera : *pour pouvoir donner à votre vie...*
[5] conseguir : obtener.
[6] cada vez sus proyectos se parecen más : *vos projets ressemblent de plus en plus...*

ALTO

1. Observez les formes :
« Seguía trabajando » *(vous continuiez à...).*
« Seguía aprendiendo ».
Quels sont les éléments qui les composent ?
Citez d'autres formes semblables déjà rencontrées (Cf. Gram. p. 181).

2. Ten**ía** (tener).
Segu**ía** (seguir).
Empez**aba** (empezar).
Observez la formation de l'imparfait de l'indicatif
pour les trois groupes de verbes (Cf. conjugaison p. 71).
Attention à l'irrégularité de VER : veía (Cf. Gram. p. 191).

OBRAS

A imitación de esta publicidad, describe tu propio itinerario.
¿Qué solías dibujar de niño?
¿Qué querías ser más tarde?
Ahora, ¿cuál es, para ti, el futuro *(l'avenir)* ideal?

Observad a las personas de esta foto y sus reacciones en la juguetería : el semblante (el rostro) maravillado del niño, la actitud cuidadosa del padre, etc.

Juguetería en las Ramblas de Barcelona.
¡Cuántos animales de felpa!

¿ Dónde estará la cartera ?

Tirso vio cómo llegaba hasta la puerta de la caseta[1] un joven con una cazadora de cuero y un pañuelo al cuello.

— Buenas noches — dijo el recién llegado[2].

— Usté[3] dirá.

El joven parecía intranquilo.

— Mire usté. Ando como loco buscando por todas partes una cartera que he perdido.

— ¿Una cartera?

— Es una cartera de cuero con mis iniciales.

— ¿Qué iniciales?

— A.C.

— ¿Y aquí ha perdido usté la cartera?

— Aquí tendrá que ser[4]. Por ahí fuera, la noche que llovió.

Fede[5] dijo :

— ¿Y qué tenía dentro la cartera?

— Dinero. Que no era mío, sino de mi empresa. ¿Se da usté cuenta? Unas diez mil pesetas, o tal vez más.

— ¿No lo sabe fijo?

— De la empresa eran ocho mil. El resto era mío. Pero no recuerdo cuánto tenía, si dos o cuatro...

Dijo Castro[6] :

— Usté traerá[7] documentación.

— Sí.

— En ese caso...

Pero Tirso no se rendía[8]. Los demás esperaban silenciosos. Acabó por sacar[9] el billetero y se lo tendió al joven.

— Cuente los billetes.

Manuel Ferrand, *Con la noche a cuestas.*

1 *ici : baraquement d'un gardien de chantier.*

2 *dit le nouveau venu.*

3 Usted.

4 *ça ne peut être qu'ici.*

5 Federico : compañero de Tirso.

6 Castro : otro compañero de Tirso.

7 Usted tiene seguramente.

8 inf. rendirse ; *ici : céder.*

9 *sortit finalement.*

1. *¿Cómo estaba el joven al llegar a la caseta de Tirso? ¿Por qué? ¿Cómo lo vemos a la lectura del texto? (ritmo y tonalidad de sus respuestas).*

2. *Caracterizad la actitud de Tirso. ¿Cómo os la explicáis?*

3. *¿Cómo podían estar seguros los tres de que la cartera que habían encontrado era la del joven?*

ALTO

1. «¿Dónde **estará...?**» (titre), «... **traerá** documentación» (l. 22).
Quelle valeur a ici le futur? (cf. Gram. p. 179).

2. **Llegaba** (l. 1)
(inf. llegar)

parecía (l. 5)
(inf. parecer)
tenía (l. 15)
(inf. tener)

no se rendía (l. 25)
(inf. rendirse)
rappel : **seguía** (p. 68)
(inf. seguir)

Apprenez l'imparfait de l'indicatif :

LLEGAR	TENER	SEGUIR
Llegaba	Tenía	Seguía
Llegabas	Tenías	Seguías
Llegaba	Tenía	Seguía
Llegábamos	Teníamos	Seguíamos
Llegabais	Teníais	Seguíais
Llegaban	Tenían	Seguían

3. «Dinero. Que no **era** mío...» (l. 16), «... **eran** ocho mil.» (l. 19).
Apprenez l'imparfait de l'indicatif irrégulier de SER :

Era
Eras
Era
Éramos
Erais
Eran

OBRAS

Imagina que has perdido tu bolso *(ton sac)* en la calle. Vas a la oficina de objetos perdidos y le describes al empleado cómo era el bolso, qué había dentro, etc. Escribe el diálogo.

—¡Oro, siempre oro! ¿Es que no hay ni una trucha en este torrente?

8

Esquí en la cordillera (Chile).

9 mayo, domingo

Me despertaron[1] a las nueve para subir[2] a Farellones. Verdaderamente, el camino vale la pena.

A la mitad nos paramos[3] a ver el panorama. Por la parte abajo[4] queda el río rodeado de árboles. Vas alzando la vista[5] y los árboles cada vez son menos y la nieve cada vez es más. En los picos no hay más que blancura por todas partes y sólo los cóndores volando entre las quebradas[6] con majestad. Arriba[7] es un espectáculo. Cosa de sueño...

A las diez zancadas[8], resollaba[9] como un perro en agosto. El tío me dijo[10] que era la puna y eso pasaba porque andábamos en los tres mil metros : el corazón no aguanta[11] bien esas alturas.

Todo alrededor eran picos nevados y en uno, a mano derecha, andaban varios grupos esquiando.

Miguel Delibes (escritor español), *Diario de un emigrante.*

1 *on me réveilla.*
2 *monter.*
3 inf. pararse : *s'arrêter (nous nous arrêtâmes).*
4 *en bas.*
5 alzar la vista : *lever les yeux.*
6 *les ravins.*
7 *en haut.*
8 una zancada : *une enjambée.*
9 inf. resollar : *haleter.*
10 *me dit.*
11 inf. aguantar : *supporter.*

Oda al invierno

Para mí, Invierno,
eres
un caballo,
niebla[1] *te sube del hocico*[2]*,*
gotas de lluvia caen
de tu cola,
electrizadas ráfagas
son tus crines,
galopas
interminablemente
salpicando[3] *de lodo*[4]
al transeúnte[5]*...*

Pero eres frío, Invierno,
y tus racimos
de nieve negra y agua
en el tejado
atraviesan
la casa
como agujas,
hieren[6]
como cuchillos oxidados.
Nada
te detiene[7]*...*

Algún día
nos reconoceremos,
(...) cuando
ya no perfores
el techo
de mi hermano,
cuando
pueda acudir[8] *a la más alta*
blancura de tu espacio
sin que puedas morderme...

Pablo Neruda (poeta chileno), *Odas elementales.*

[1]la niebla : *le brouillard* - [2]el hocico : *le museau* - [3]inf. salpicar : *éclabousser* - [4]el lodo : *la boue* - [5]el transeúnte : *le passant* - [6]inf. herir : *blesser* - [7]inf. detener : *arrêter* - [8]*quand je pourrai me rendre.*

aLTO

1. Rappel :
... atraviesan (inf. atravesar).
... hieren (inf. herir).
... detiene (inf. detener).
Revoyez le présent de l'indicatif des verbes à diphtongue (Cf. texte p. 41 ; cf. Gram. p. 186).

2. «... cuando ya no **perfores**...» (inf. perforar).
«... cuando **pueda** acudir...» (inf. poder).
«... sin que **puedas**...»
a. Observez ces formes du présent du subjonctif et comparez-les aux infinitifs correspondants : définissez la transformation que subit la voyelle de la terminaison (Cf. Gram. p. 188).
Vous pouvez apprendre la conjugaison complète du présent du subjonctif régulier (Cf. gram. p. 188).
b. Notez que la diphtongaison se produit aussi au présent du subjonctif (Cf. Gram. p. 189).

3. «Nos reconoceremos... cuando ya no perfores..., cuando pueda acudir...». Attention à cet emploi caractéristique du subjonctif en espagnol : dans une subordonnée temporelle, il exprime une éventualité (l'action envisagée peut se réaliser ou non) (Cf. Gram. p. 180).

OBRAS

A la manera de Pablo Neruda, escribe una oda al otoño. Para crear tus propias metáforas, busca ideas en los textos e ilustraciones que presentan esta estación (p. 38 a p. 45). Imita la composición de las dos primeras estrofas :
«Para mí, Otoño, eres... pero eres...»

Preparativos navideños

Cada vez que se acercaba Navidad, todo cambiaba alrededor de los niños. El aire era distinto, más frío y más alegre.

Y los niños, lo mismo que el aire, se sentían también distintos. Les brillaban más los ojos, tenían las mejillas más sonrosadas[1], las voces más claras. Cada vez que se acercaba Navidad, era como si por primera vez fuese[2] Navidad para ellos.

Habían empezado a colocar bombillas[3] de colores a lo largo de la calle... En el parque estaban adornando[4] los abetos[5] con bolas brillantes de todos los colores, estrellas escarchadas[6]...

En los escaparates de las tiendas habían aparecido cosas que no había más que en Navidad : mazapanes, turrones, monedas de chocolate[7]... Era una fiesta mirar los escaparates y se podía pasar mucho tiempo delante de uno. Pero escaparates había tantos y con tantas cosas que era muy difícil verlos todos.

Ángela Ionescu, *El aire de la Navidad.*

1 *les joues plus roses.*

2 *... comme si, pour la première fois, c'était...*

3 *des ampoules.*

4 inf. adornar : *décorer.*

5 *les sapins.*

6 *couvertes de givre.*

7 l. 11 : *friandises de Noël.*

Alto

1. « Era una fiesta **mirar** los escaparates... » (l. 12).
« ... era muy difícil **verlos** todos » (l. 14).
Quelle est la fonction grammaticale de ces deux infinitifs ? Remarquez qu'en espagnol l'infinitif sujet se construit sans préposition.

2. **« Habían empezado... »** (l. 7).
« ... habían aparecido... » (l. 10).
Souvenez-vous de la formation du passé composé (p. 57). Observez maintenant celle du plus-que-parfait de l'indicatif (Cf. Gram. p. 195).

3. « En el parque **estaban** adornando los abetos... » (l. 8).
« ... **se podía** pasar mucho tiempo... » (l. 12).
De quelle personne grammaticale s'agit-il ? Quel est l'équivalent français de ces deux formes indéfinies ? (Cf. Gram. p. 174).

Obras

1. Transcribe los dos últimos párrafos del texto empezando por : « **Es** el período de Navidad. **Han empezado** a colocar bombillas... ».

2. A partir del texto, describe los preparativos navideños : en tu casa, en tu calle, en tu pueblo (o ciudad).

NAVIDAD

Cerca de cien mil lámparas iluminarán la navidad madrileña hasta el 7 de enero con un horario de seis de la tarde a diez de la noche, excepto los días 31 de diciembre y cinco de enero que[1] durará toda la noche. Las calles principales para admirar el derroche[2] ornamental serán la Gran Vía e Independencia, así como la Puerta del Sol y la plaza de la Cibeles. En cuanto a la popular y espectacular «Cabalgata de los Reyes Magos», que se celebra en la Villa y corte[3], hará[4] su salida el día 5 de enero a las ocho de la tarde y seguirá el tradicional itinerario desde el parque del Retiro hasta la plaza Mayor. En esta plaza, hasta la llegada de la cabalgata, y desde las siete de la tarde, payasos[5] y saltimbanquis ofrecerán un variado espectáculo circense.

Ronda Iberia, enero de 1986.

[1] en que la iluminación. - [2] la abundancia. - [3] Madrid. - [4] *futur irrég. de* hacer. - [5] *des clowns.*

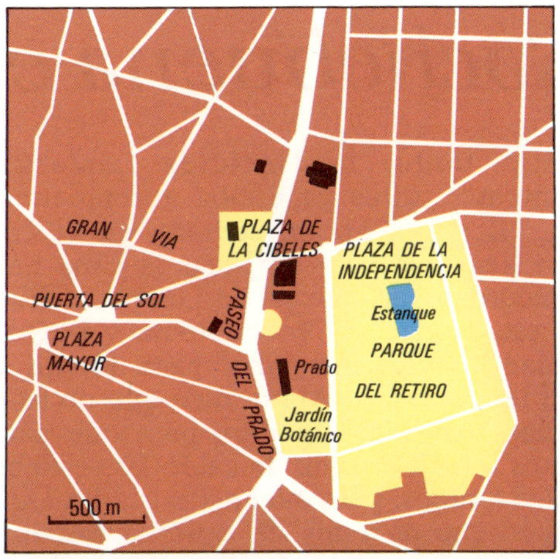

Centro de Madrid.

Nochebuena en Lima

Esa tarde, la Decidida[1] andaba un poco fastidiada[2]. Felizmente, Julius ya estaba aprendiendo a no tomarla muy en serio... Por eso, ahora, sentado en el comedor, esperando a los recién llegados[3] para empezar la cena navideña, sonreía ... mientras recordaba las quejas[4] de Deci : ... « No se respeta aquí la Navidad; esta noche es Nochebuena y no se ve ni un solo árbol de Navidad. » Julius intervino[5] para decirle que en eso[6] él creía que mami tenía razón. « Mami dice que no se puede poner arbolitos de Navidad llenos de algodón, para que parezca[7] nieve, cuando nos estamos achicharrando de calor. Eso está bien en Alemania o en los Estados Unidos, pero no en Perú. » La Decidida estaba de acuerdo. « Con lo que no estoy de acuerdo es con que la señora no ponga nacimientos[8], que ahora no me van a decir que son también de los Estados Unidos...

— Deci, explicó Julius, la Navidad es bien triste; no sé por qué es bien triste. He pensado y debe ser porque falta Cynthia. Antes había arbolito y nacimiento. »

Alfredo Bryce Echenique (escritor peruano),
Un mundo para Julius.

[1] *gouvernante de Julius.*
[2] irritada.
[3] *les nouveaux-venus (son frère et son ami Lester).*
[4] *les plaintes.*
[5] *intervint* (inf. intervenir).
[6] *sur ce point.*
[7] inf. parecer, *3e pers. sing. prés. subj.*
[8] « es con que... nacimientos » : *c'est que Madame ne mette pas de crèches...*

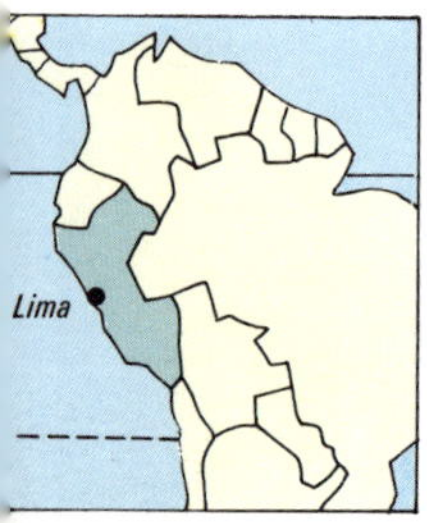

1. *Presentad el texto* ***(La escena pasa en ..., en el momento de ..., los personajes ..., están discutiendo a propósito de ...).***

2. *¿De qué se está quejando la Decidida?*
¿Cuáles son, según el niño, las razones — declaradas o más profundas — de su mamá?

3. *Fijaos en las explicaciones de Julius, en su actitud frente a la Decidida : ¿qué os llama la atención en la personalidad de este niño de once años?*

ALTO

1. Attention au présent du subjonctif :
... **parezca...** (inf. parecer).
... ponga... (inf. poner)
(Cf. Gram. p. 189).

2. « No **se** respeta aquí la Navidad... » (l. 5)
« ... no **se** ve ni un solo árbol... » (l. 6).
Retrouvez, comme pour le texte de la p. 74), l'équivalent français de cette forme indéfinie (Cf. Gram. p. 174).

3. « **Esa** tarde, la Decidida **andaba** un poco fastidiada » (l. 1).
« ... **esta** noche **es** Nochebuena » (l. 6).
Comment peut s'expliquer, dans ce cas précis, la différence d'adjectif démonstratif ? (Cf. Gram. p. 170).

4. Por **eso ...** en **eso ... eso** está bien.
Apprenez le pronom démonstratif neutre **« eso ».**

OBRAS

1. Transcribe las frases narrativas del texto en presente de indicativo.

2. ¿A qué estación corresponde la Navidad en el Perú? Observa el mapa de América latina en el mundo (p. 11) : ¿cómo se explica la diferencia con Europa?

Cholito, toca y retoca

Cholito, toca y retoca
toca el tambor y la quena. (bis)
Bebe pisco, masca coca,
que esta noche es Nochebuena. (bis)

Carpintea muy contento,
carpintea San José, (bis)
porque está haciendo una cuna
al niño que va a nacer. (bis)

Cholito, toca y retoca ...

Mi cholito está llorando
con un llanto muy sentido (bis)
porque el nenito Jesús
en el Perú no ha nacido. (bis)

Cholito, toca y retoca ...

S. Ruiz de Luna,
cantado por María Dolores Pradera.

ALTO

Toc**a** (inf. tocar).
Beb**e** (inf. beber).
Observez la formation de la 2e personne du singulier de l'impératif.

Navidad en México : los Reyes Magos en la Alameda.

Murillo, *La Adoración de los pastores,* 1650.

1. *Utilizando el método sugerido* *p. 43**, presentad sucesivamente cada uno de estos cuadros :*

El tema de este lienzo es... La escena pasa...

2. *Estudiad la composición, los diferentes términos (si los hay) y describid a los personajes :*

La Virgen ... (y San José ...)
El Niño Jesús ...
Los pastores (de perfil, de espaldas ..., arrodillados ante ..., inclinados hacia ...)
Las ofrendas que han traído (la oveja, la gallina, el cesto de huevos ...)
Los animales del establo (el buey, el burro) ...

3. *Comparad ambas (las dos) representaciones del mismo tema :*
a. El lugar (dentro ≠ fuera)
b. Los personajes :
— los pastores (su apariencia física, lo que podemos imaginar de su vida cotidiana ...).
— la Virgen y el Niño : la impresión de vida ≠ lo estilizado : en las caras, los ademanes (les gestes), *las prendas de vestir...*
c. La técnica :
— A partir de las miradas de los personajes, tratad de definir hacia dónde se dirigen las líneas principales de cada cuadro.
— Los colores : ***dominan en el primer cuadro los colores ..., mientras que en el segundo ...***

4. ***Prefiero el lienzo de ... porque ...***

Diego Rivera (pintor mexicano), *La adoración de los pastores*, 1912-1913.

PASTORES, VENID
(Castilla)

Villancico **J. de Juan**

Allegretto pastoril.

aLTO

Ven**id** (inf. venir).
Lleg**ad** (inf. llegar).
Observez la formation de la 2e personne du pluriel de l'impératif (Cf Gram. p. 190).

Era el árbol de Noel,
arrancado de los bosques,
en medio de la ciudad,
apagado por el día,
encendido por la noche,
y dentro de una semana
seco y muerto para siempre.

Rafael Alberti
(poeta español),
Versos sueltos de cada día.

JUEGOS Y DIVERSIONES

1			
2			
3			
4			
5			
6			
7			

Oconograma

1. El Príncipe de Asturias.
2. Así caen, en invierno, los copos de nieve.
3. Cesto pequeño.
4. Provincia del norte de España cuya capital se llama Pamplona.
5. La casa donde vivimos.
6. En el futuro del verbo dar.
7. Dejar de trabajar...

Modo de resolverlo : escribe horizontalmente una sílaba en cada casilla. En la primera columna vertical podrás leer una FÓRMULA que solemos escribir en las tarjetas o en los regalos que mandamos a los parientes y amigos el 24 de diciembre.

¡OS DESEAMOS...!

9

Barcelona, las Ramblas.

Metro

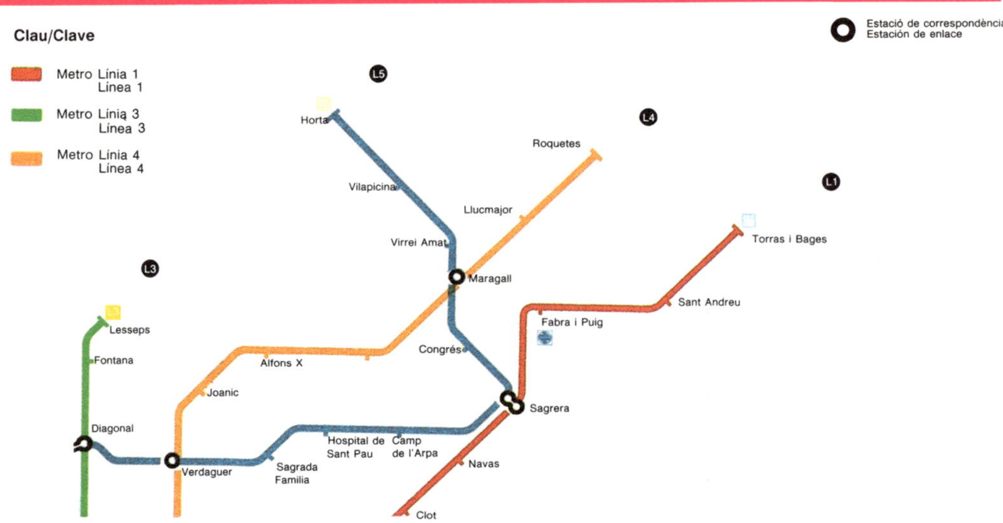

Un forastero en la ciudad

— ¿Qué desea, buen hombre?

— ¿Podría indicarme cómo he de ir a la calle del General al número... — tiene que consultar el papel —, al número ciento... ochenta y tres?

— Tome el tranvía sesenta y dos...

José se arrima al[1] guardia; por ambos lados[2] pasan a gran velocidad los coches, los camiones y los autobuses. El agente levanta la voz para que le oiga[3] :

— Se apea usted[4] al llegar a la calle del Océano Pacífico, y desde allí tiene que ir a pie hasta la Puerta Nueva. Busca la parada del autobús letra G. Es la línea de la barriada[5] del Perdón. Diga que le avisen[6] al cruzar la calle del General. Allí se apea; ese número no debe de caer lejos.

El agente ha cambiado la posición del brazo; ahora los coches se detienen bruscamente. Los peatones atraviesan la calzada.

— Sí..., sí..., gracias. Y..., oiga, ¿eso está lejos, verdad?

— Desde luego; casi en las afueras[7].

José, con voz desesperada, aún se atreve a[8] interrogar al guardia que se ha desinteresado de él.

— Me dijo que tomara[9] el tranvía...

Ya no le oye.

— Apresúrese a cruzar, que voy a dar paso. ¡Ande!

Luis Romero (novelista español), *La noche buena.*

1 inf. arrimarse a : acercarse a...
2 por los dos lados.
3 inf. oír.
4 *vous descendez.*
5 *le quartier.*
6 inf. avisar, *prévenir.*
7 *les faubourgs.*
8 inf. atreverse a : *oser.*
9 *vous m'avez dit de prendre...*

ALTO

1. « Se apea usted **al llegar** a la calle... » (l. 9).
« ...que le avisen **al cruzar** la calle... » (l. 12).
Remarquez la structure AL + INFINITIF.
Elle équivaut à une subordonnée temporelle introduite par *cuando* (quand) ou *en cuanto* (dès que) (Cf. Gram. p. 181).

2. « ...para que le **oiga**... » (l. 8), inf. OÍR.

Présent de l'indicatif		Présent du subjonctif
oigo	→	oiga
oyes		oigas
oye		oiga
oímos		oigamos
oís		oigáis
oyen		oigan

Remarquez que l'irrégularité de la 1re personne du présent de l'indicatif se retrouve à toutes les personnes du présent du subjonctif.

3. **« Tome** (Vd) el tranvía... » (l. 5).
« **Diga** (Vd) que le avisen... » (l. 12).
« ¡**Ande!** (Vd) » (l. 22).
Remarquez que la 3e personne de l'impératif (vouvoiement) est identique à la 3e personne du présent du subjonctif.
Vous pouvez maintenant apprendre la conjugaison complète de l'impératif (Cf. Gram. p. 190).

OBRAS

Inspirándote en el diálogo del texto, explica qué tienes que hacer y por dónde tienes que pasar para ir en metro de Navas a Roquetes.

¿Le molesta el humo? **Quino.**

1. *¿En qué ambiente se desarrolla la acción de este tebeo (las fábricas, el aire contaminado, las siluetas encorvadas de los transeúntes, etc.)?*

2. *Contad lo que le pasa al protagonista* ***(tose mucho..., el médico le receta..., las pastillas que vende el farmacéutico...).***

3. *¿Os parece divertido este cómic?*

CAMBIANDO SU PISO POR UN CHALET

Viva Vd. en «La Cumbre» de Ciudalcampo

Una elegante zona residencial a 11 minutos de la Plaza de Castilla.
Nosotros le vendemos su piso y le damos un magnífico chalet de 298 m^2 en 2 500 m^2 de parcela.
Gane en prestigio, tranquilidad y seguridad...
¡Y al alcance de su mano!
Compruébelo.

Información
Barnico
Sociedad Anónima
C/ Orense, 66 1.° E - Madrid 20.
Teléf. 279 17 13.

La Cumbre

1. *¿A qué incita esta publicidad?*

2. *Decid de qué diferentes elementos consta (el lema publicitario, las ilustraciones, los caracteres de diferentes tamaños, las cifras, las palabras utilizadas...).*

3. *¿Qué ventajas les promete a los compradores la empresa Barnico?*

4. *¿Os parece a vosotros que vivir en Ciudalcampo resultará tan agradable como lo afirma la publicidad?*

ALTO

Compruébelo.
Observez l'enclise obligatoire du pronom personnel complément avec un impératif (Cf. Gram. p. 174).

OBRAS

1. **«Viva Vd. Gane Vd...».**
¿Cuál es el infinitivo de estos imperativos?

2. A imitación del lema de esta publicidad, imagina otro.

3. Escribe en letras : 298 metros cuadrados, 2 500 m^2.

Chabolas en los alrededores de Santiago de Chile.

ESPECIAL MÉXICO

JESÚS Sánchez, de treinta y ocho años, es uno de los millones de habitantes que padecen[1] la dura vida del capitalino mexicano.

Él es oriundo[2] de un pequeño pueblo montañés de la región de Oaxaca, de familia campesina, y desde hace dieciséis años ha perdido sus raíces[3].

Como de costumbre, se ha levantado a las cinco de la mañana, ha tomado su café, y después de caminar veinte minutos por las calles de la colonia[4] Pantitlán, al lado del monstruoso barrio[5] de Netzahualcoyotl, ha cogido el Metro en la estación Zaragoza. Al igual que millones de mexicanos se dirigirá al centro, tardando más de hora y media de casa a su trabajo.

Hace años que se salió de esos tugurios[6] ocupados por los casi mil emigrantes diarios que llegan desde el campo, estas ciudades perdidas que rodean[7] las zonas residenciales y que a veces son levantadas en pocos días. Chozas[8] edificadas con palos[9], láminas y cartones. Él salió de ese inframundo.

Cambio 16, nº 722, 30/9/1985.

1 *ici, subir.*
2 *originaire.*
3 *ses racines.*
4 *au Mexique, quartier.*
5 *quartier.*
6 *taudis.*
7 rodear : *entourer.*
8 *masures.*
9 *ici, morceaux de bois.*

Camino de la plaza de toros

El Mercedes corría por la avenida Abancay. Primera vez que Julius se internaba por barrios[1] antiguos de la Gran Lima, era puro ojos con todo[2]. A su lado, Susan se ponía sus gafas de sol[3] y oscurecía el asunto porque le daba flojera[4] acordarse de la pobreza, sobre todo antes de la corrida. Comentaba Juan Lucas (...), « va a ser un lío[5] estacionar, usted acérquese lo más que pueda a la Plaza »...

... Una mezcolanza increíble de gente de todas las edades y colores, avanzaba hacia la Plaza y Julius miraba, sacando la cabeza orejona[6] por la ventana, súbitamente ocultándola porque un negrito de quince años introducía la cara y hacía reventar[7] dentro del Mercedes el globo de su chicle...

Julius estaba desconcertado, pero lo atraía el espectáculo de locura[8] que rodeaba la plaza de Acho ese domingo de sol. Andaba un poco asustado[9] el pobre y Susan debió notarlo desde sus anteojos de sol... Juntos se entregaron[10] al espectáculo exterior a la Plaza...

Alfredo Bryce Echenique (escritor peruano),
Un mundo para Julius.

1 *des quartiers.*
2 *il dévorait tout des yeux.*
3 *lunettes de soleil.*
4 *ça la fatiguait.*
5 fam. Va a ser muy difícil...
6 *aux grandes oreilles.*
7 *éclater.*
8 la locura : *la folie.*
9 *effrayé.*
10 inf. entregarse : *se livrer (3e pers. pl. prét.).*

1. *Presentad este texto (el lugar, el momento, los personajes y sus diferentes condiciones sociales).*

2. *¿Qué se veía en la calle aquel día?*

3. *¿Cómo se sentía cada pasajero del Mercedes ante el espectáculo de la calle? Fijaos especialmente en las reacciones del niño.*

aLTO

Acérquese Vd (inf. acercarse). Attention à l'enclise obligatoire du pronom personnel réfléchi à l'impératif. Observez la modification orthographique : Acer**c**arse
Acér**qu**ese.
Cette modification est indispensable pour que le radical du verbe conserve la prononciation de l'infinitif (cf. Gram. p. 163).

OBRAS

Pon el texto en presente (desde « ... Una mezcolanza... *hasta* ... domingo de sol. ») empezando por : **« Hoy es día de corrida. Una mezcolanza... ».**

DE NUEVA YORK A MADRID. Malo es un malabarista neoyorquino que ha dejado la sombra de los rascacielos.

Artistas de la CALLE cultura a ras de suelo

Estos tiempos de crisis que corren son curiosamente también tiempos de cultura... Casi cien artistas transeúntes pintan, cantan o actúan en las aceras[1] de Madrid.

El estudio detallado de este cuerpo de artistas itinerantes depara[2] bastantes sorpresas. La primera de ellas es el alto nivel cultural de sus miembros... Son periodistas[3], abogados[4], economistas o licenciados de Bellas Artes y del Conservatorio...

La actividad de los artistas transeúntes no está relacionada en absoluto con la mendicidad. Ofrecen unos minutos de entretenimiento[5] a cambio de unas monedas.

En las calles peatonales de Preciados y Carmen, junto a la Puerta del Sol, los acordes de violines o guitarras eléctricas amenizan[6] la entrada y salida del hormiguero[7] humano de los grandes almacenes, bajo los soportales y en la explanada de la Plaza Mayor, los curiosos se agrupan en torno a velocísimos retratistas[8]; en los túneles del paso subterráneo de la plaza de la Cibeles, aires latinoamericanos alternan con música de cámara...

Comenta el mimo Carlos Salcedo : « La gente a veces te mira como diciendo... pobre chico. Pero en cierto modo te ríes de quien se ríe de ti. Tampoco ellos sabrían hacer lo que yo hago... ».

1 *les trottoirs.*

2 inf. deparar : *réserver.*

3 *journalistes.*

4 *avocats.*

5 *distraction.*

6 inf. amenizar : *rendre plus agréable.*

7 *la fourmilière.*

8 *portraitistes.*

VIVALDI EN EL RETIRO.
La única manera de sobrevivir de muchos alumnos de los conservatorios.

Paqui Cortés Díaz, más conocida como «Mamá y sus muchachos», es una mujer cercana a la cincuentena que canta acompañada de sus cuatro hijos : Gregorio, Israel, Montse y Raúl, de dieciséis, quince, trece y diez años, respectivamente.

Nacida en una familia agricultora de Badajoz, «desde pequeña me gustaba cantar, aunque[1] en serio sólo lo hago desde hace cuatro años. Cantar en la calle, a veces, es un problema, porque los chicos son menores, aunque todos tienen la EGB». La música, sin embargo, no es suficiente para mantener[2] a tan nutrida[3] troupe, por ello[4] explica : «Además tenemos un quiosco frente al colegio San Roque, de Villaverde».

[1] aunque + ind. : *bien que...*

[2] *faire vivre.*

[3] numerosa.

[4] *c'est pour cette raison que...*

NECESIDAD Y ARTE.
Algo que llena las calles de Madrid.

Antonio San Felipe, a sus veinticinco años de edad, ejerce de[1] mimo tanto en la calle como en algunos locales, como la discoteca Macumba. Había estudiado para auxiliar administrativo, pero no encontró trabajo. Su escenario[2] de actuación[3] no se reduce a Madrid, viaja por provincias y en ocasiones ha hecho trabajos para publicidad y televisión.

[1] inf. ejercer de : *exercer le métier de...*

[2] el escenario : *la scène.*

[3] *du verbe* actuar, *se produire en public.*

Cambio 16, nº 731, 2/12/1985.

10

Junto a la mar y un río y en mis primeros años,
quería ser caballo.

Las orillas de juncos eran de viento y yeguas.
Quería ser caballo.

Las colas empinadas barrían las estrellas.
Quería ser caballo.

Escucha por la playa, madre, mi trote largo.
Quería ser caballo.

Desde mañana, madre, viviré junto al agua.
Quería ser caballo.

Rafael Alberti (poeta español), *Poemas del destierro y de la espera.*

¡Vámonos a la feria!

Paseo en bicicleta

Un día radiante. Luis[1] *sale de la casa, va hacia el « Seat 124 », abre el maletero, deja en él la maleta*[2].

ANGÉLICA NIÑA. — ¿Ya te vas, Luis?

Levanta Luis la cabeza : allí, está la niña, montada en una bicicleta de chico. Sonriente, graciosa, encantadora[3].

LUIS. — Sí...

ANGÉLICA NIÑA. — Bueno..., un beso... Me tienes que escribir, ¿eh?

Luis asiente mecánicamente. La niña se despide[4] :

ANGÉLICA NIÑA. — Bueno, me voy...

Lo va a hacer, ya vuelve las espaldas[5]. *Luis sujeta a la niña por un brazo, sin violencia.*

LUIS. — Espera...

La niña lo mira sonriente.

ANGÉLICA NIÑA. — ¿Qué?

Y Luis, ligeramente avergonzado[6] :

LUIS. — ¿Me dejas dar una vuelta?[7]

La niña se ríe.

ANGÉLICA NIÑA. — Pero ¿sabes montar en bicicleta?

LUIS. Sí...

La niña duda, indicando a un grupo de niños.

ANGÉLICA NIÑA. — Es que... es de aquel chico...

Luis, con una contenida súplica en la voz :

LUIS. — Pregúntale...

La niña, al chico, que juega con otros en el jardincillo :

ANGÉLICA NIÑA. — Manolo..., ¿le dejas dar una vuelta a éste?

El chico mira a Luis, encoge los hombros[8], *accediendo*[9].

LUIS. — ¿Quieres que te lleve?

La niña se ríe, divertida.

ANGÉLICA NIÑA. — ¡Venga!

Carlos Saura, *La Prima Angélica.*

[1] Luis es un adulto.
[2] *la valise.*
[3] *charmante.*
[4] inf. despedirse : *prendre congé.*
[5] inf. volver las espaldas : *ici, tourner le dos.*
[6] *honteux.*
[7] *faire un tour.*
[8] *il hausse les épaules.*
[9] inf. acceder : aceptar.

1. *Decid en unas frases lo que pasa en esta escena.*
2. *A vuestro parecer, ¿por qué quería Luis montar en bicicleta? ¿Qué sentimientos experimenta a lo largo de la escena? ¿Cómo los explicáis?*
3. *¿Qué opináis de la actitud de Angélica niña con Luis?*

ALTO

1. Mecánicamente (l. 9);
Ligeramente (l. 16).
Mecánico, a; ligero, a.
Comment se forme l'adverbe de manière en **-mente?** (Cf. Gram. p. 167).

2. a. «¿le dejas dar una vuelta a **éste**?» (l. 26).
Notez l'accent grammatical qui permet de différencier le pronom démonstratif **éste** de l'adjectif démonstratif **este** (par ex. este señor).
b. **«... es de aquel chico...»** (l. 22);
«¿le dejas dar una vuelta a éste?» (l. 26).
Où se trouvent Luis et Manolo par rapport à Angélica?
Comment s'explique ici l'emploi de deux démonstratifs différents? (Cf. Gram. p. 170).

Pablo Picasso, *Maya à la poupée,* 193

1. *Presentad este lienzo y decid lo que os llama la atención : el rostro de la niña... sus brazos... sus manos... sus piernas* (jambes)... *las proporciones...*

2. *Describid más detenidamente a Maya (cómo viste, los colores) y su muñeca de trapo. Comparad la representación de los dos personajes.*

3. *¿Deforma igualmente el pintor todos los elementos de su cuadro?*

4. *Pensando, por ejemplo, que una niña es un ser vivo y la muñeca un objeto inanimado, tratad de interpretar la diferencia de visión.*

¿Quieres viajar conmigo?

Entra Marga. Toma una silla y abre sobre sus rodillas un atlas. Aparece Juan, en mangas de camisa, con una sierra[1] *en la mano.*

JUAN. — ¡Marga!

MARGA. — Buenos días, Juan. ¿Trabajando?

JUAN. — Nada, una chapuza[2]. ¿Qué haces tú ahí sola?

MARGA. — Viajo[3].

JUAN. — ¿Viajas?

MARGA. — Por este atlas; me lo dio[4] la señorita Natacha para eso. ¿Ves? Aquí está el mundo entero. Mira. *(Juan se arrodilla a su lado, en el suelo).* Ésta es España; y esto azul, el mar. Lee ahí : « Mar Mediterráneo ». ¿No sabes leer?

JUAN. — *(Avergonzado).* No. *(Reacciona).* No sé porque no quiero; no creas que soy tonto[5]. Si yo quisiera[6]... Bah, leer sabe todo el mundo.

MARGA. — ¿No fuiste[7] nunca a la escuela?

JUAN. — De pequeño... una tarde.

MARGA. — ¿Una tarde sólo? Poca cosa habrás podido hacer en una tarde.

JUAN. — Poca cosa, sí; rompí[8] dos cristales.

Alejandro Casona (escritor español), *Nuestra Natacha.*

[1] *une scie.*

[2] un trabajo sin importancia.

[3] inf. viajar : *voyager.*

[4] inf. dar, *3e pers. du sing. du prét.*

[5] estúpido.

[6] *Si je voulais...*

[7] inf. ir, *2e pers. du sing. du prét.*

[8] inf. romper *(casser), 1re pers. du sing. du prét.*

ALTO

1. « Poca cosa **habrás podido** hacer... » (l. 18).
Rappel. Souvenez-vous de l'emploi du **futur de probabilité.** (Cf. texte p. 70, l. 22; Cf. Gram. p. 179).
Il est ici employé sous sa forme composée.

2. « **... no creas** (inf. creer) que soy tonto. » (l. 14).
Cette forme verbale est un **impératif négatif** (idée d'interdiction, de défense). De quels éléments se compose-t-elle? (Cf. Gram. p. 191).

OBRAS

1. Después de aprenderlo de memoria, representa este diálogo con un(a) compañero(a). No te olvides de reconstituir lo más exactamente posible la escena (movimientos de los personajes, actitudes, pausas, tono de la voz, etc.).

2. A imitación de Marga, explícale a un compañero cómo viajas en imaginación (a partir de un libro, una película, una canción, etc.).

Ana (a la izquierda) e Irene (a la derecha) imitan a los mayores.
Fotograma de la película de **Carlos Saura,** *Cría Cuervos.*

1. *Presentad a los personajes de este fotograma. ¿Quiénes son? ¿Dónde están? ¿ Qué están haciendo?*

2. *¿A quién imitan precisamente? ¿Cuáles son los diferentes elementos del disfraz? ¿Qué nos permiten suponer en cuanto a* (en ce qui concerne) *las personas imitadas? (La gorra militar..., el maquillaje...)*

3. *Tratad de imaginar qué ambiente reina entre los miembros de esta familia (observad la postura de cada niña, la expresión de su rostro, sus ademanes.)*

Yo te haré un hombre...

Su corazón se detuvo[1] : su padre estaba a su lado y tenía las pupilas incendiadas. Oyó[2] :

— ¿Qué edad tienes?

— Diez años — dijo.

— ¿Eres un hombre? Responde.

— Sí — balbuceó.

— Fuera de la cama, entonces — dijo la voz. Sólo las mujeres se pasan el día echadas[3]. Te han criado[4] como a una mujerzuela. Pero yo te haré[5] un hombre.

Ya estaba fuera de la cama, vistiéndose, pero la precipitación era fatal : equivocaba el zapato[6], se ponía la camisa al revés, la abotonaba mal, no encontraba el cinturón, sus manos temblaban y no podían anudar los cordones[7].

— Todos los días, cuando baje a tomar desayuno, quiero verte en la mesa, esperándome. Lavado y peinado. ¿Has oído?

Mario Vargas Llosa (escritor peruano), *La Ciudad y los perros.*

[1] inf. detenerse, *3e pers. du sing. du prét. : s'arrêta, cessa de battre.*

[2] inf. oír, *3e pers. du sing. du prét.*

[3] *péjor.* en la cama.

[4] inf. criar : educar.

[5] inf. hacer, *1re pers. du sing. du futur.*

[6] *il se trompait de chaussure.*

[7] *les lacets.*

1. *A partir de elementos precisos del texto, decid qué personalidad tiene el padre y qué exige de su hijo.*

2. *¿Qué provoca el padre en su hijo?*

3. *Escuchad la lectura de la frase : « Ya estaba... los cordones ». ¿Qué notáis? (La frase es... los verbos... el ritmo...).*

4. *Tratad de comprender por qué se porta así el padre con su hijo.*

ALTO

1. Rappel. « ...**cuando baje** (inf. bajar) a tomar desayuno, quiero verte en la mesa... » (l. 14). Souvenez-vous que dans une subordonnée temporelle le subjonctif exprime une éventualité (Cf. texte p. 73, l. 27 ; Cf. Gram. p. 180).

2. « ... yo te **haré** un hombre » (l. 9).
Attention au futur irrégulier de hacer (Cf. Gram. p. 192).

OBRAS

1. Transcribe en presente de indicativo el texto desde : « Ya estaba fuera de la cama... *hasta* ... los cordones ».

2. Escribe en estilo indirecto la frase : « Todos los días... esperándome. » (l. 14) empezando por : El padre le dice a su hijo que...

3. Imagina que el chico del texto llega a la escuela y le cuenta a un compañero lo que le **ha pasado** la misma mañana. A continuación, los dos hablan de sus padres. Escribe el diálogo.

Pablo Picasso, *Acróbatas con el mono,* 1905.

En el circo

Rafael estaba como loco de contento[1]. Nunca había visto un circo. Un circo con animales de todas clases y payasos[2] alegres y chistosos[3], debía ser una maravilla... Y lo era. Las señoritas y los chicos se reían mucho cada vez que los payasos salían a la pista. A Rafael le gustó mucho el trapecio, donde un hombre y una mujer se jugaban la vida. Y disfrutó de lo lindo[4] con los animales amaestrados[5] y con los juegos de manos. Pero cada vez que un payaso pegaba[6] a otro y se tiraban por el suelo para hacer reír a la gente se le ponía un nudo en la garganta[7] y sentía ganas de llorar[8].

1 *fou de joie.*
2 un payaso : *un clown.*
3 *blagueurs.*
4 *il prit un grand plaisir.*
5 *dressés.*
6 inf. pegar : *battre.*
7 *sa gorge se nouait.*
8 *pleurer.*

Dolores Medio (escritora española), *El organillo.*

1. *Presentad brevemente el asunto de este texto.*

2. *¿Cómo se sentía Rafael antes de ir al circo? ¿Por qué?*

3. *¿Qué espectáculos vio? ¿Qué reacciones tuvo frente a cada uno de ellos? ¿Cómo las explicáis?*

4. *¿Le pareció a Rafael tan maravilloso el circo como lo había soñado?*

ALTO

«A Rafael le gustó...» (l. 4) (inf. gustar).
«Y disfrutó de lo lindo...» (l. 6) (inf. disfrutar).
Notez la formation de la 3e personne du singulier du prétérit des verbes en -AR réguliers.

OBRAS

1. Pon el texto en presente desde el principio hasta «... salían a la pista».

2. Compara los dos documentos (el cuadro de Picasso y el texto de Dolores Medio). ¿Qué visión nos ofrece cada uno del mundo del circo?

3. Tú también vas al circo como Rafael y al salir de la función, te encuentras con uno de los artistas (payaso, artista ecuestre, trapecista, etc.). Se entabla la conversación y os hacéis preguntas a propósito de vuestras condiciones de vida, vuestros planes de futuro, etc. Escribe el diálogo.

¡Qué linda es la capital!

Buenos Aires, 10 de Noviembre.

Querida Mabel :

Cumplo con mi promesa de escribirte. Ante todo, deseo que estas líneas te encuentren bien, lo mismo que tu familia.

¿Por dónde empiezo? Yo había venido dos veces no más, por eso vinimos[1] a Buenos Aires de luna de miel.
El lunes fuimos[2] al cine, preciosa; me conocí el cine Ópera, que tanto me habías nombrado. Ay, tenías razón, qué lujo de no creer[3], los vitrales de colores y encima de la pantalla[4] ese arco iris[5]... ¡las estrellas brillando y las nubes moviéndose que es un cielo de veras! La película[6] era buena pero yo de vez en cuando miraba para arriba, y los movimientos de nubes seguían durante toda la función[7]...

Anoche[8] fuimos a los títeres[9] de Podrecca, pero estaban en un teatro de barrio que queda[10] en el camino que va a Vallejos. No te cuento, Mabel, la tristeza que me daba pensar que dentro de unos días[11] vamos a tomar ese camino... hasta el final.

De los títeres te guardé el programa, algo divino, te voy a contar cuando vuelva. Y esta noche, si conseguimos entradas, vamos a un estreno[12] importante.

Bueno, Mabel. Como ves, he cumplido, te doy un beso fuerte, y hasta muy prontito.

Nélida.

Manuel Puig (escritor argentino), *Boquitas pintadas.*

1 inf. venir : *prét. irrég.*
2 inf. ir : *prét. irrég.*
3 *quel luxe incroyable.*
4 *l'écran.*
5 el arco iris : *l'arc-en-ciel.*
6 el filme.
7 *ici, la séance.*
8 ayer, por la noche.
9 *les marionnettes.*
10 que queda : que se sitúa.
11 *dans quelques jours.*
12 *une première (première représentation d'un film ou d'une pièce).*

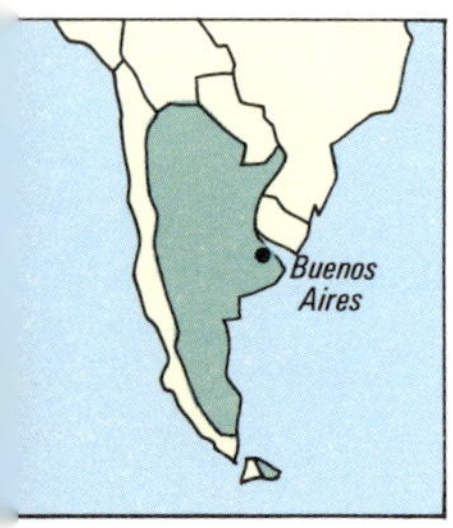

1. *¿De qué tipo de texto se trata? ¿Con qué ocasión le escribe Nélida a Mabel? Decid brevemente lo que le cuenta.*

2. *¿Adónde fueron Nélida y su marido y qué vieron en Buenos Aires?*

3. *¿Qué sentimientos experimentó Nélida durante su estancia en la capital? ¿Cómo los expresa su carta? (tonalidad general, puntuación, elección de ciertas palabras...).*

4. *¿Qué sentirá Nélida cuando vuelva a Vallejos? Justificad vuestra respuesta con detalles sacados de los dos últimos párrafos de la carta.*

aLTO

1. Rappels :

- « ...**deseo que** estas líneas te **encuentren** bien. » (inf. encontrar) (l. 3).
Souvenez-vous qu'après un verbe qui exprime un souhait, la subordonnée est au subjonctif (Cf. Gram. p. 179).
- « ...**cuando vuelva.** » (inf. volver) (l. 19).
Rappelez-vous la valeur du subjonctif après *cuando* (Cf. Gram. p. 180).

2. « ... me conoc**í**... » (l. 7) (inf. cono**cer**).
« ... (yo) te guard**é**... » (l. 18) (inf. guard**ar**).
Remarquez la 1re personne du singulier du prétérit des verbes en -AR et -ER réguliers.

¡Vaya manera de divertirse! **Quino.**

1. *Presentad las diferentes etapas de la historia narrada en este cómic de Quino.*

2. *¿Esperábamos tal desenlace* (un tel dénouement)? *¿Qué hubieran podido hacer* (qu'auraient pu faire) *la madre o el médico?*

3. *A vuestro parecer, ¿qué quiso* (qu'a voulu) *decirnos el dibujante?*

OBRAS

A partir de esta historia, imaginad otra situación, ***al revés :*** **el niño (o la niña) se pasa el tiempo delante del televisor... los dibujos animados, el deporte, los cantantes... Al padre (o a la madre) no le gusta nada eso...**

JUEGOS Y DIVERSIONES

Miscelánea

_ _	o	r	o	s	_ _
t	_ _	n	i	s	_ _
b	a	_ _	ó	n	_ _
m	u	s	_ _	o	_ _

Cuatro nombres de diversiones se disimulan en esta miscelánea : busca las letras que faltan. Completa con ellas la columna de la derecha y leerás el nombre de otra diversión.

Si ganamos el premio...

Poco después de las cinco apareció Pira en lo alto de la escalera. Agitaba con la mano un sobre amarillo.

— Apuesto[1] cualquier cosa a que no sabes qué hay ahí dentro.

— No lo sé — dijo Piluca — No tengo la menor idea.

— Adivínalo.

— ¿Una carta?

No, no era una carta.

— No lo sé. Me rindo[2].

— Espera. Voy a sacarlo del sobre... Ten. Léelo en voz alta.

— Gran sorteo[3] de chocolates El Gato : espléndido circuito por Italia.

— Esto.

— El afortunado poseedor del número premiado[4] en el Concurso realizará un espléndido circuito por Italia, en hoteles y restaurantes de primera, del diez al veinticinco de julio del presente año.

— Has tenido una suerte[5] magnífica — dijo Piluca a su prima[6].

— El encargado de la casa[7] me ha regalado un boleto[8]. Boleto mil trescientos quince. El número lo he elegido yo misma.

— ¿Cuántos días faltan para el sorteo?

— Treinta y ocho. Cinco semanas.

— Entonces...

— Entonces — dijo Pira — entonces, empezamos a vivir de verdad.

Juan Goytisolo (escritor español), *Fiestas*.

1 inf. apostar : *parier*.

2 inf. rendirse ; *ici, donner sa langue au chat*.

3 sorteo : *tirage de tombola*.

4 *ici : gagnant*.

5 *une chance*.

6 *sa cousine*.

7 de la casa El Gato.

8 *un billet de tombola*.

ALTO

1. Rappel :
Adivína**lo** (inf. adivinar) (l. 5) ;
Lée**lo** (inf. leer) (l. 9) ;
Sacar**lo** (l. 9).
Souvenez-vous que l'enclise du pronom est obligatoire à l'impératif, à l'infinitif et aussi au gérondif.

2. Adiv**í**nalo — L**é**elo — Sac**a**rlo
Adivin**a**r — Le**e**r — Sac**a**r
L'enclise ne doit pas modifier la place de l'accent tonique : en vous rappelant les règles d'accentuation, justifiez la présence ou l'absence d'accent graphique sur les formes verbales ci-dessus citées.

OBRAS

1. **Pira :** Apuesto cualquier cosa a que no sabes qué hay ahí dentro.
Piluca : No lo sé. No tengo la menor idea. ¿Una carta? ... No lo sé. Me rindo.

Escribe en estilo indirecto estas frases empezando según el caso por : **Pira dijo que... Piluca respondió que... preguntó si... contestó que...**

2. Pira le explica a su prima por qué, si ganan el premio, empezarán «a vivir de verdad».
Imagina el diálogo.

Jugando al futbolín, Santiago de Chile.

Afortunados[1] de la primitiva[2]

Rosa María Barrambío, profesora de dibujo del instituto[3] de El Masnou (Barcelona), y José Buenavida Pacheco, dueño del pub Papillón, del barrio de El Pilar, de Madrid, no se conocen. Sin embargo[4], ambos recuerdan el pasado 6 de marzo como uno de los días más felices de su vida; ambos no podrían olvidar jamás esta combinación que les abrió las puertas de la fortuna : 4, 10, 15, 34, 35 y 36, con el 6 como número complementario.

Los dos pertenecen a ese grupo envidiable de casi 450 personas que han ganado más de un millón de pesetas en la loto en lo que va de año[5]. Pero sus vidas no han cambiado[6]. Rosa María Barrambío y José Buenavida hacen ahora la misma vida que antes : ella acude[7] cada día a sus clases y él abre todas las tardes, a las cinco, las puertas de su establecimiento. Ambos también siguen jugando a la primitiva en busca de[8] un nuevo premio.

Cambio 16, nº 779, 3/11/1986.

[1] los que han tenido suerte.
[2] la lotería.
[3] el instituto : *le lycée.*
[4] *cependant.*
[5] *depuis le 1er janvier.*
[6] inf. cambiar : *changer.*
[7] inf. acudir : ir.

[8] *à la recherche de...*

TOMAS (At. Madrid)

PUESTO	Defensa
PARTIDOS LIGA 85/86	32
ALTURA	1,72 m
EDAD	25 años

BIURRUN (C.A. Osasuna)

PUESTO	Portero
PARTIDOS LIGA 85/86	34
ALTURA	1,80 m
EDAD	26 años

GORDILLO (Real Madrid)

PUESTO	Centrocampista
PARTIDOS LIGA 85/86	22
ALTURA	1,78 m
EDAD	29 años

MONTERO (Sevilla C.F.)

PUESTO	Delantero
PARTIDOS LIGA 85/86	25
ALTURA	1,79 m
EDAD	31 años

Mundial 82 : estadio de Alicante.

Javier Clemente es el entrenador del Athletic de Bilbao.

Opina que el deporte debe ser una de las asignaturas de primer orden en todos los colegios. Ayuda a profundizar en el compañerismo, en la amistad y en el espíritu de una lucha positiva y leal.

Cambio 16, nº 731, 2/12/1985.

Un chico más para el barrio

Alberto oyó voces de muchachos. Saltó de la cama y se asomó[1] al balcón. Uno de los muchachos era alto, rubio; el otro, bajo y grueso, de cabello moreno, era muy ágil. El rubio hacía de arquero[2]; el moreno le disparaba con una pelota de fútbol flamante. « Tapa[3] ésta, Pluto », decía el moreno. « Eres una madre[4], Tico, decía. Para tapar tus penales me basta la nariz ». El moreno pateaba y los tiros eran goles[5] casi siempre. Al principio, Alberto los miraba con frialdad y ellos aparentaban[6] no verlo. Poco a poco se estableció una estrecha complicidad de miradas, sonrisas y movimientos de cabeza. Pluto alzó la vista hacia Alberto.

— Hola.

— Hola — dijo Alberto.

Pluto tenía las manos en los bolsillos. Daba saltitos[7] en el sitio, igual a los jugadores profesionales antes del partido, para entrar en calor.

— ¿Vas a vivir aquí? — dijo Pluto.

— Sí. Nos mudamos[8] hoy. ¿Ustedes viven acá[9]?

— Él en Diego Ferré[10] — dijo Pluto. Yo a la vuelta, en Ocharán[10]. A mí me dicen[11] Pluto. Y a éste Tico. Baja. Tiraremos penales. Cuando vengan los otros jugaremos un partido de fulbito.

— Okey — dijo Alberto. Pero conste que [12] no soy muy bueno en fulbito.

Mario Vargas Llosa (escritor peruano), *La Ciudad y los perros.*

1 inf. asomarse : *se pencher.*
2 inf. hacer de arquero (de portero) : *être gardien de but.*
3 inf. tapar ; *ici : arrêter.*
4 *fam. tu es nul.*
5 un gol : *un but.*
6 inf. aparentar : *feindre de.*
7 *il sautillait.*
8 inf. mudarse : *déménager.*
9 en España se diría : ¿Vosotros vivís aquí?
10 nombre de calle.
11 me llaman.
12 *qu'il soit bien entendu que...*

1. *Presentad a los personajes de este texto : quiénes son, dónde están, qué están haciendo...*

2. *¿Cómo fue el primer contacto entre Alberto y los otros dos muchachos? Pero luego ¿qué pasó?*

3. *A la lectura del texto ¿pensáis como Javier Clemente (p. 102) que el deporte « ayuda a profundizar (...) en la amistad »?*

aLTO

1. **« Alberto saltó... »** (inf. saltar) ; **« ... se asomó... »** (inf. asomarse) (l. 1) ; **« Nos mudamos... »** (inf. mudarse) (l. 17). **« ... se estableció... »** (inf. establecerse) (l. 9).

Apprenez le prétérit des verbes en -AR et en -ER réguliers.

SALTAR	ESTABLECER
Salté	Establecí
Saltaste	Estableciste
Saltó	Estableció
Saltamos	Establecimos
Saltasteis	Establecisteis
Saltaron	Establecieron

2. La formation du prétérit est identique pour les verbes réguliers en -ER et en -IR. (Cf. Gram. p. 193).

Retenez l'irrégularité de la 3e pers. de OÍR :

Oí	Oímos
Oíste	Oísteis
Oyó	Oyeron

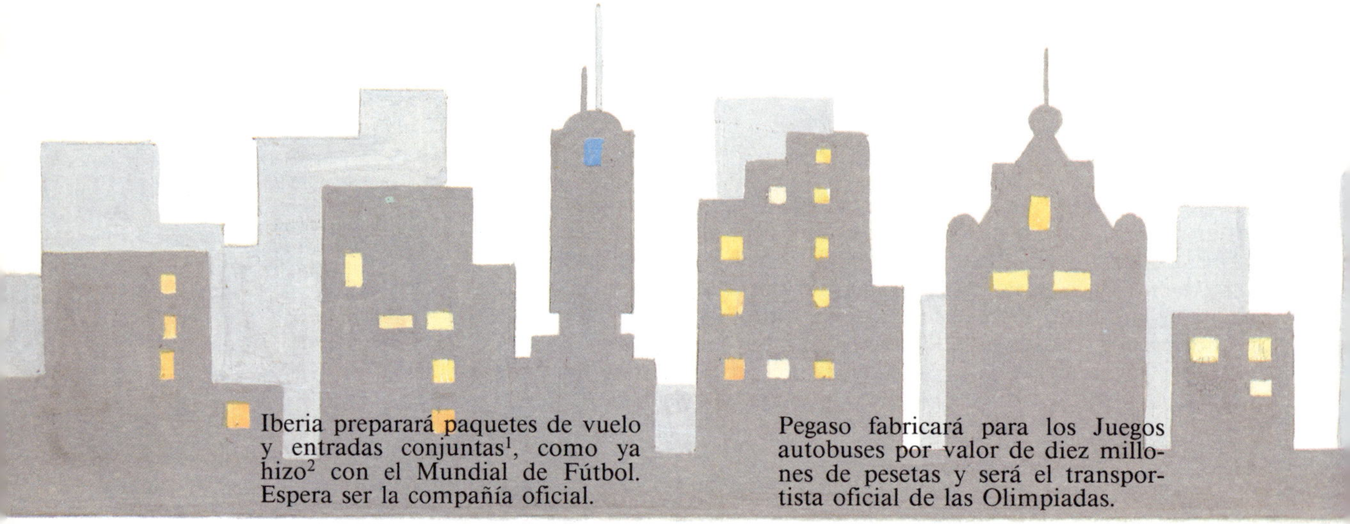

Iberia preparará paquetes de vuelo y entradas conjuntas[1], como ya hizo[2] con el Mundial de Fútbol. Espera ser la compañía oficial.

Pegaso fabricará para los Juegos autobuses por valor de diez millones de pesetas y será el transportista oficial de las Olimpiadas.

Barcelona será en 1992 un inmenso estadio

La candidatura de Barcelona para albergar[3] los Juegos Olímpicos iba acompañada por un ambicioso plan de instalaciones cuidadosamente[4] planeado. En 1992 la ciudad entera estará preparada, como si de un inmenso estadio se tratara[5], para recibir a los deportistas y ser marco de las competiciones. Las instalaciones deportivas están ya construidas en un 80 por ciento.

Nada se ha dejado a la improvisación. La mayoría de las instalaciones aguardan[6] ya su primer uso olímpico. El resto avanza a marchas forzadas. Todo está previsto. Los planos son un prodigio de minuciosidad. Hasta figura en ellos el emplazamiento de las cámaras[7] de TV.

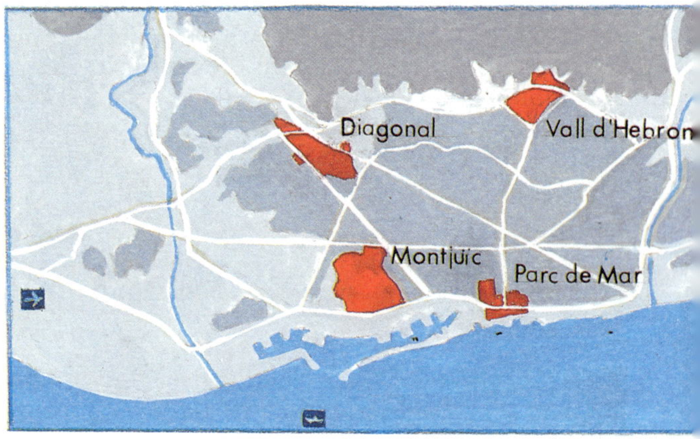

EL MAPA. La ciudad de Barcelona quedará dividida, según el mapa adjunto, en cuatro grandes áreas.

[1] *billets joints avion/manifestations sportives.* - [2] *comme elle l'a déjà fait.* - [3] *accueillir.* - [4] *soigneusement.* - [5] como si se tratara : *comme s'il s'agissait.* - [6] esperan. - [7] *les caméras.*

1. *¿De qué se trata en estos fragmentos sacados de la revista Cambio 16?*

2. *Observad el mapa (p. 10).*

3. *Recordad lo que sabéis ya de Barcelona. Después de leer el párrafo « Barcelona será en 1992 un inmenso estadio », tratad de explicar por qué reunía la capital de Cataluña las condiciones necesarias para ser elegida* (choisie) :
— ***Barcelona tiene una situación privilegiada : en efecto, ...***
— ***Como la ciudad posee ya instalaciones modernas ...***
— ***Y en cuanto a*** (quant à) ***lo que falta todavía, ...***

4. *Basándoos ahora en todos los documentos de esta página, decid en qué diferentes sectores se hará la preparación de los JJ OO.*

Galerías Preciados espera incrementar[1] las ventas en un 20 por ciento.

Hispano Olivetti quiere montar la sala de prensa[2] de las Olimpiadas, tal y como han hecho en otras ocasiones y de forma gratuita. Así ganan imagen.

El supernegocio'92 se pone en marcha

Medio billón de pesetas están en juego. Desde los taxistas a los grandes constructores, pasando por almacenes, joyeros[3], bodegueros[4] y demás fabricantes y comerciantes, todos los sectores económicos harán su agosto[5] en 1992.

Cambio 16 nº 778, 27/10/1986.

[1] incrementar : *accroître.*
[2] la prensa : *la presse.*
[3] el joyero : *le bijoutier.*
[4] el bodeguero : el que vende vinos y bebidas.
[5] harán : *3e pers. pl. futur irrég. de* hacer ; hacer su agosto : *fam. faire son beurre.*

1. *¿Para qué sectores puede ser fructuoso organizar los JJ OO?*

2. *Examinad sucesivamente cada uno de los ejemplos de la página : explicad por qué los oficios citados podrán sacar mucho provecho de los Juegos.*

Estadio de Barcelona.

12

Canción del molinero

Para el pan que te pedimos,
¿qué te falta, molinero?

Ni el trigo ni el agua faltan,
¡ya sólo me falta el viento!

Que el trigo está en el sembrado[1],
y el agua es sudor[2] abierto,

pero el viento que lo muela[3]...
el viento... ¿dónde está el viento?

¡Dónde está, Señor, el viento!

Carlos Álvarez (poeta español),
Tiempo de siega[4].

[1] *le champ ensemencé.* - [2] el sudor : *la sueur.* - [3] inf. moler : *moudre.* - [4] la siega : *la moisson.*

Cosecha en Vitigudino (Salamanca).

Finca (Albacete).

Me gusta el campo pero...

Por el verano mi padre trataba de despertar[1] en mí el interés y la afición por[2] el campo. Yo miraba a los hombres hacer y deshacer en las faenas[3] y Padre me decía : « Vamos, ven aquí y echa una mano »[4]. Y yo echaba, por obediencia, una mano torpe e ineficaz. Y él me decía : « No es eso, memo[5]. ¿Es que no ves cómo hacen los demás? » Yo sí lo veía y hasta lo admiraba porque había en los movimientos de los hombres del campo un ritmo casi artístico y una eficacia palmaria[6], pero me aburría. Y al cumplir los catorce, Padre me subió al páramo[7] y me dijo : « Aquí no hay testigos[8]. Reflexiona : ¿Quieres estudiar? » Yo le dije : « No ». Me dijo : « ¿Te gusta el campo? » Yo le dije : « Sí ». Él dijo : « ¿Y trabajar en el campo? » Yo le dije : « No ». Él entonces me sacudió el polvo[9] en forma y, ya en casa, soltó al Coqui y me tuvo cuarenta y ocho horas amarrado a la cadena del perro sin comer ni beber.

Miguel Delibes (novelista español), *Viejas historias de Castilla la Vieja.*

[1] *éveiller.* - [2] *le goût, le penchant pour ...* - [3] *les travaux.* - [4] inf. echar una mano : *donner un coup de main.* - [5] imbécil. - [6] *évidente.* - [7] un páramo : terreno elevado sin vegetación. - [8] un testigo : *un témoin.* - [9] inf. sacudirle el polvo a uno : *flanquer une raclée à quelqu'un.*

1. *Observad en qué tiempo y en qué persona están conjugados los verbos : ¿qué nos cuenta el narrador?*

2. *¿Cuál era el trabajo del padre? Basándoos en elementos precisos del texto, decid qué sentimientos contradictorios experimentaba su hijo cuando le acompañaba.*

3. *A vuestro parecer ¿por qué se portó así el padre al cumplir su hijo los catorce años? ¿Qué opináis de tal actitud?*

ALTO

1. « ... una mano torpe **e** ineficaz » (l. 3).

Remarquez que devant les mots commençant par « i » (ou « hi ») la conjonction **« y »** se transforme en **« e ».**

2. « Yo **dije**... » (l. 8) ; « Él **dijo...** » (l. 9) ; « ... (él) me **tuvo...** » (l. 10) :

Apprenez le prétérit irrégulier de DECIR et TENER :

Dije	Tuve
Dijiste	Tuviste
Dijo	Tuvo
Dijimos	Tuvimos
Dijisteis	Tuvisteis
Dijeron	Tuvieron

OBRAS

1. « Y **al cumplir** (yo) los catorce, Padre me subió al páramo... » (l. 7).
Intenta decirlo de otra manera.

2. Imagina que durante la conversación con su padre, el muchacho le explica por qué le gusta el campo pero no las faenas. Puedes buscar ideas en el texto.

Olivares, Antequera (Málaga).

Olivares, olivar.
Dicen que os van a matar.
¿Qué será de Andalucía,
sin olivos, olivar,
sin esa gente que va
a coger tus aceitunas,
antes del alba, olivar?
Olivares, olivar.
Dicen que os van a arrancar.

Rafael Alberti (poeta español),
Versos sueltos de cada día.

OBRAS

Comparad estos tres documentos : la foto, el poema y el sello (la hucha — *la tire-lire* — con el tractor, la fábrica, el buque, el avión). ¿Qué diferentes aspectos de España nos muestran?

Hora punta, **Quino.**

1. *Tratad de contar lo que hace el protagonista de este cómic :*
Al terminar su faena, ...
Para volver a casa, tiene que coger ...
Durante el trayecto, ...
Al llegar a su hogar (son foyer), ...

2. *¿Qué mundos representó Quino en este tebeo? Intentad decir en qué se oponen.*

3. *Sin embargo, ¿en qué puede hacernos pensar el medio de transporte que utiliza el campesino? ¿En qué consiste lo humorístico de su representación?*

Pastora boliviana.

Pastoril

Junto al río transparente
que el astro rubio colora
y riza el aura[1] naciente
llora Leda la pastora.

De amarga hiel[2] es su llanto.
¿Qué llora la pastorcilla?
¿Qué pena, qué gran quebranto[3]
puso[4] blanca su mejilla?

¡Su pastor la ha abandonado!
A la ciudad se marchó
y solita la dejó
a la vera del[5] ganado[6].

¡Ya no comparte su choza
ni amamanta su cordero[7]!
¡Ya no le dice : « Te quiero »,
y llora y llora la moza!

Miguel Hernández (poeta español),
Pastoril, cantado por Francisco Curto.

1 *le zéphyr.*
2 la hiel : *le fiel.*
3 *douleur, affliction.*
4 *prét. irrég.* de poner ; *ici, rendre, faire devenir.*
5 a la vera de : al lado de...
6 el ganado : *le bétail.*
7 el cordero : *l'agneau.*

Siembra en los Andes del Perú

Cae la tarde cuando se siembra[1] la última chacra[2] de hacienda. El mismo don Cipriano Ramírez ha esparcido el trigo sobre la tierra olorosa. Después de haberse perdido casi todas las cosechas[3] del año pasado, se ha visto llover de nuevo, se ha arado[4] de nuevo, se ha sembrado de nuevo. Patrones y peones se han confundido en un jubiloso abrazo[5] con la tierra.

Cuando el sol se hunde[6], la tarea en la chacra del hacendado está cumplida. Mugen sosegadamente los bueyes encaminándose hacia los potreros. Se escucha el débil son de la campana de la iglesia del lejano distrito de Saucopampa.

Ciro Alegría (escritor peruano), *Los perros hambrientos.*

1 inf. sembrar : *semer.*
2 la chacra : el campo (palabra india).
3 *les récoltes.*
4 inf. arar : *labourer.*
5 *du verbe* abrazar : *embrasser, étreindre.*
6 inf. hundirse : *s'enfoncer, s'engloutir.*

1. *Presentad el texto (personajes, circunstancias...).*
Tratad de explicar por qué esos días de siembra son particularmente felices.

2. *¿Cómo se siente la gran solidaridad entre todos? ¿Cómo os la explicáis?*

3. *¿Cómo vemos en el último párrafo que ya está acabada la faena?*
¿Qué impresiones se desprenden de esta descripción?

aLTO

«... **se siembra** la última chacra...» (l. 1).
«... **se ha visto** llover de nuevo...» (l. 4).
Quel est l'équivalent français de cette forme indéfinie? (Cf. ALTO pp. 74, 76; Cf. Gram. p. 174).
Attention : ne confondez pas cette structure avec la tournure pronominale.
«Patrones y peones **se han confundido...**» (inf. confundirse) (l. 5).

OBRAS

Imagina que, al volver a casa, Don Cipriano escribe una carta a un amigo. Le habla de este día de siembra, de su alegría... Inspírate en el texto para redactar la carta.

Saucopampa, ...

Querido ... :

hoy, hemos tenido un día muy feliz porque ... Yo mismo ...
Estábamos todos muy contentos : recuerdas que el año pasado, ... Este año, en cambio, ...
Y ahora, oigo fuera ... y me siento ...
Espero que vosotros ...

Abrazos para todos

Cipriano.

Joan Miró (pintor español), *La casera* (1922-1923).

1. *Definid y situad los diferentes elementos que componen este lienzo.*

2. *Observad atentamente a la mujer : ¿qué es lo que nos llama en seguida* (tout de suite) *la atención en su apariencia física?*

3. *Fijaos también en lo que viste y lo que lleva : ¿quién será esta mujer?*

4. *Pensad en su vida cotidiana, en sus quehaceres* (ses travaux quotidiens) : *a vuestro parecer, ¿qué puede evocar la deformación de sus miembros?*

5. *Decid qué impresión provoca en vosotros este cuadro : los diferentes colores, el aspecto despojado* (dépouillé) *del lugar, el semblante* (l'expression du visage) *de la mujer, la mirada* (le regard) *del gato...*

Arando en el Altiplano peruano.

13

Limpiabotas y su cliente, Barcelona.

1. *Presentad los diferentes términos de esta foto (el limpiabotas y su cliente, la cabina telefónica, el taxi, los autobuses, el guardia...).*

2. *Describid más detenidamente a los dos hombres del primer término (su aspecto físico, cómo visten, la postura de cada uno, lo que están haciendo...).*

3. *¿Cómo parecen llevarse* (paraissent s'entendre) *los dos?*

En el café del hotel

(Están hablando Lucas, el indiano[1], y Nicolás, un viejo pescador.)

— Anda, acompáñame a tomar una copita al café del hotel.
— No, yo no subo ahí.
— ¿Por qué?
— Es que no me corresponde.
— Yo te invito, vienes conmigo.
— Yo, cuando bebo, bebo con los míos en la taberna.
— Déjate ahora esos prejuicios[2].
— Bueno, bueno.

«Nico» ascendió[3] satisfecho y se sentó orgullosamente, en la terraza, junto a su amigo el indiano. Cuando se acercó el camarero y preguntó lo que deseaban, pidió[4] vino.

— Tendrá que ser una botella, porque en vasos no lo servimos.

— Pues tráeme media botella de Rioja, blanco... ¡Ah! Y unas aceitunas.

Juan Antonio de Zunzunegui y Laredo (escritor español), *La úlcera.*

1 Español que se fue a América y volvió rico a su tierra.

2 *préjugés.*

3 inf. ascender : subir.

4 *sujet : «Nico».*

1. *Presentad el texto (lugares donde pasa la acción, condición social de cada personaje...).*

2. *¿Cuál fue la reacción de Nicolás cuando el indiano le invitó a tomar una copa? ¿Cómo la comprendéis?*

3. *Finalmente, ¿qué hizo Nicolás? Describid su comportamiento en el café del hotel. ¿Qué pensáis de tal actitud?*

OBRAS

1. — **Acompáñame a tomar una copita al café del hotel.**
— **Yo te invito, vienes conmigo.**
— **Déjate ahora esos prejuicios.**

Imagina que Lucas le trata de usted al viejo pescador (cf. Gram. p. 173).

2. Escribe en presente el texto desde «Nico ascendió... *hasta* pidió vino».

3. Imagina que, al día siguiente, Nicolás les cuenta a sus amigos en la taberna su encuentro con Lucas, el indiano :
Ayer, en el puerto, me encontré con ...
Me invitó a ...
Los dos fuimos ...

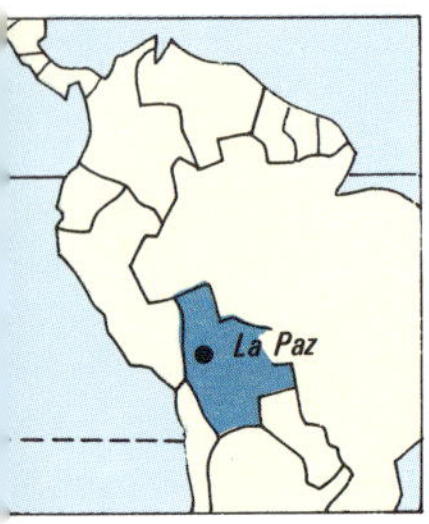

Mendiga en una calle de La Paz.

Venimos a pedir justicia...

Respetuosos, casi invisibles, penetraron en el despacho[1] los comisionados de Rancas. El doctor[2] Parrales no levantó los ojos : prosiguió la lectura del expediente[3], calmosamente. Su Señoría terminó de leer.

— ¿Qué quieren?

Su rostro cobrizo[4] era una pared inabordable.

— Doctorcito — tartamudeó[5] Rivera, nosotros somos comuneros[6] de Rancas..., nosotros venimos...

— Apúrense[7], no tengo tiempo.

— No sé si sabes la existencia de un Cerco[8] en la pampa, doctorcito.

— No sé nada. Yo no salgo de mi despacho.

— La « Cerro de Pasco Corporation »[9] ha levantado un Cerco. Caminos, pueblos, ríos, todo clausura el Cerco, doctorcito.

— Treinta mil ovejas se nos han muerto — explicó Medrano.

— Será peste — dijo el Juez.

— Es hambre, doctor — dijo Rivera.

— Yo no soy veterinario — se fastidió[10] el Juez. ¿Qué quieren?

— Queremos que usted constate el abuso, doctorcito.

— Eso cuesta.

— ¿Cuánto costaría la constatación, doctorcito?

— Diez mil..., quizá quince mil... (...)

— Nunca juntaríamos tanto, doctorcito...

Manuel Scorza (escritor peruano), *Redoble por Rancas.*

1 *le bureau.*
2 *ici,* el juez : *le juge.*
3 *dossier.*
4 *cuivré.*
5 inf. tartamudear : *bégayer.*
6 *Indiens appartenant à une communauté.*
7 *Am. Dépêchez-vous.*
8 *Am. une clôture.*
9 *compagnie nord-américaine.*
10 se impacientó.

1. *¿Dónde se desarrolla la acción del texto? ¿Quiénes son los personajes?*

2. *¿A qué han venido los comuneros de Rancas?*

3. *A partir de elementos precisos del texto, decid cuál es la actitud de los comuneros. ¿Cómo os la explicáis?*

4. *¿Os parece que el doctor Parrales se porta como un verdadero juez?*

Leyendo tebeos en la calle, Perú.

Entrevista con los militares

— Es notable[1] lo que sabe este muchacho. ¿Qué edad tiene Vd?

— Dieciséis años, señor.

— ¿Dieciséis años?

— ¿Se da cuenta, capitán? Este joven tiene un gran porvenir[2]. ¿Qué le parece que le hablemos al capitán Márquez? Sería una lástima[3] que no pudiera ingresar[4].

— Indudablemente — y el oficial del cuerpo de ingenieros se dirigió a mí.

— Pero, ¿dónde diablos ha estudiado usted todas esas cosas?

— En todas partes, señor. Por ejemplo : voy por la calle y en una casa de mecánica veo una máquina que no conozco. Me paro[5], y me digo estudiando las diferentes partes de lo que miro : esto debe funcionar así y así, y debe servir para tal cosa. Después que he hecho mis deducciones, entro al negocio y pregunto, y créame, señor, raras veces[6] me equivoco[7]. Además, tengo una biblioteca regular[8], y si no estudio mecánica, estudio literatura.

— ¿Cómo — interrumpió el capitán —, también literatura?

— Sí, señor, y tengo los mejores autores : Baudelaire, Dostoïevski, Baroja.

— Che, ¿no será anarquista éste?

— No, señor capitán. No soy anarquista. Pero me gusta estudiar, leer.

Roberto Arlt (escritor argentino), *El juguete rabioso.*

1 *remarquable.*
2 *avenir.*
3 *ce serait dommage.*
4 *entrer, être admis.*
5 inf. pararse : *s'arrêter.*
6 *rarement.*
7 inf. equivocarse : *se tromper.*
8 *correcte.*

1. *A vuestro parecer, ¿por qué se entrevista el joven con los militares?*

2. *Estudiando más particularmente las líneas 11 a 23, intentad caracterizar la personalidad del muchacho; fijaos en sus aficiones* (ses goûts), *sus métodos para comprender, su manera de hablar...*

3. *¿Qué sentimientos provoca en los militares este muchacho fuera de lo común* (hors du commun)?

OBRAS

1. «Voy por la calle... esto debe funcionar así.»

Transcribe estas frases empezando por :
El muchacho les explica a los militares que, para instruirse...

2. «Es notable lo que sabe este muchacho» (l. 1).
Imagina lo que ha podido pasar antes y puede justificar esta reflexión del militar.

3. ¿Crees tú que van a aceptar al joven los militares tras (después de) esta entrevista? ¿Qué argumentos podrán tener para aceptarlo o rechazarlo?

Niños en una escuela peruana.

Dame la mano

Dame la mano y danzaremos :
dame la mano y me amarás.
Como una sola flor seremos,
como una flor, y nada más...

El mismo verso cantaremos,
al mismo paso bailarás[1]*.*
Como una espiga[2] *ondularemos,*
como una espiga, y nada más.

Te llamas Rosa y yo Esperanza :
pero tu nombre olvidarás[3]*,*
porque seremos una danza
en la colina, y nada más...

Gabriela Mistral (poetisa chilena).

[1] inf. bailar : danzar.
[2] la espiga : *l'épi.*
[3] inf. olvidar : *oublier.*

Poema con niños

La escena, en un salón familiar. La madre, blanca, y su hijo. Un niño negro, uno chino, uno judío[1]*, que están de visita. Todos de doce años más o menos... La madre, sentada, hace labor*[2]*, mientras a su lado, ellos juegan con unos soldaditos de plomo.* (...)

LA MADRE. — ¡Pero qué es eso! ¿Se han vuelto locos[3]? ¡A ver, Rafaelito, ven aquí! ¿Qué es lo que pasa?

EL HIJO.— Nada, mamá, que se pelearon[4] por el color...

LA MADRE. — ¿Cómo por el color? No te entiendo...

EL HIJO. — Sí, te digo que por el color, mamá...

EL CHINO *(señalando al negro)*. — Señora, ¡porque éste me dijo chino, y que me fuera[5] para Cantón!

EL NEGRO. — Sí, y tú me dijiste negro, y que me fuera para África...

LA MADRE *(riendo)*. — ¡Pero hombre! ¿Será posible? ¡Si todos son lo mismo!...

EL JUDÍO. — No, señora; yo no soy igual a un negro...

EL HIJO. — ¿Tú ves, mamá, cómo es por el color?...

EL NEGRO. — Yo no soy igual a un chino.

EL CHINO. — ¡Míralo! ¡Ni yo quiero ser igual a ti!

EL HIJO. — ¿Tú ves, mamá, tú ves?

LA MADRE *(autoritariamente)*. — ¡Silencio! ¡Sentarse y escuchar! *(Los niños obedecen*[6]*, sentándose en el suelo, próximos a la madre, que comienza) :*

La sangre[7] es un mar inmenso
que baña todas las playas...

Nicolás Guillén (poeta cubano), *El son entero.*

[1] *juif.*

[2] la labor : *l'ouvrage.*

[3] inf. volverse loco : *devenir fou.*

[4] inf. pelearse : *se battre, se disputer.*

[5] inf. irse : *s'en aller.* -me dijo... que me fuera : *il m'a dit de m'en aller...*

[6] inf. obedecer : *obéir.*

[7] *le sang.*

1. *Tratad de resumir brevemente lo que pasa en el texto.*

2. *¿Cuáles son las diferentes actitudes de la madre a lo largo del texto? **(Al principio la madre... pero después...)***

3. *A vuestro parecer, ¿qué idea quiso expresar* (a voulu exprimer) *Nicolás Guillén? ¿Qué valor simbólico pueden tener los personajes y sus ocupaciones?*

alto

1. El color (l. 7).
Les noms en **-or** sont masculins sauf quatre : la labor, la flor, la coliflor, la sor.

2. «¡Sentarse y escuchar!» (l. 21).
Remarquez que ces deux infinitifs ont ici valeur d'impératif (¡Sentaos y escuchad!)

Francisco de Goya, *Las Floreras,* 1786.

Soñé que tú me llevabas...

Soñé que tú me llevabas
por una blanca vereda[1]*,*
en medio del campo verde,
hacia el azul de las sierras,
hacia los montes azules,
una mañana serena.

Sentí tu mano en la mía,
tu mano de compañera,
tu voz de niña en mi oído
como una campana[2] *nueva,*
como una campana virgen
de un alba de primavera.
¡Eran tu voz y tu mano,
en sueños, tan verdaderas[3]*!*

[1] *un sentier.*
[2] *une cloche.*
[3] *vraies.*

Antonio Machado (poeta español),
Campos de Castilla.

1. *¿Qué cuenta Antonio Machado en este poema? ¿A quién se dirigirá?*

2. *Describid el paisaje del sueño (el lugar, el momento, los colores) : ¿no nos permite comprender mejor los sentimientos del poeta?*

3. *Escuchad o leed en voz alta el romance. ¿Cómo se siente (en el ritmo, en las palabras...) el entusiasmo del poeta?*

4. *¿Os parece que sólo experimenta felicidad el poeta? (fijaos en los tiempos de los verbos, leed atentamente los dos últimos versos).*

ALTO

1. « Sentí tu mano en **la mía** » (v. 7).
Remarquez le pronom possessif de la première personne du singulier.

2. « de **un** alba... » (v. 12).
Devant un nom féminin commençant par **a** ou **ha** tonique :
— l'article **una** devient le plus souvent **un** ;
— l'article **la** devient **el.**
Attention : le nom reste féminin.

OBRAS

Eres uno de los personajes del cuadro de Goya y cuentas el paseo hablando en primera persona :

Ayer, { **fui** / **fuimos** } al parque... el paisaje... { **me encontré con...** / **nos encontramos con...** }

Para la descripción, acuérdate del poema de Antonio Machado.

Pareja en una calle de Méjico.

Porque te vas

Hoy en mi ventana brilla el sol
y el corazón
se pone triste contemplando la ciudad
porque te vas[1].
Como cada noche desperté[2],
pensando en ti,
y en mi reloj todas las horas vi pasar
porque te vas.

Estribillo :
Todas las promesas de mi amor
se irán contigo[3].
Me olvidarás, me olvidarás[4].
Junto a la estación lloraré[5]
igual que un niño
porque te vas, porque te vas.

Bajo la penumbra de un farol
se dormirán
todas las cosas que quedaron por decir[6],
se dormirán.
Junto a las manillas[7] *de un reloj*
esperarán
todas las horas que quedaron por vivir,
esperarán.

Todas las promesas de mi amor...

[1] inf. irse : *s'en aller.*
[2] inf. despertar : *se réveiller.*
[3] *avec toi.*
[4] inf. olvidar : *oublier.*
[5] inf. llorar : *pleurer.*
[6] *litt. qui sont restées à dire : qui n'ont pas été dites.*
[7] *les aiguilles.*

Ojos que no ven...

Un día que Martín contaba su vida y sus aventuras, Rosita le preguntó, de pronto[1] :

— Y Catalina, ¿quién es? ¿Es su novia[2] de usted?

— Sí. ¿Cómo lo sabe usted?

— Porque ha hablado usted mucho de ella durante el delirio.

— ¡Ah!

— ¿Y es guapa[3]?

— ¿Quién?

— Su novia.

— Sí, creo que sí.

— ¿Cómo? ¿Cree usted nada más?

— Es que la conozco desde chico y estoy tan acostumbrado a[4] verla, que casi no sé cómo es.

— ¿Pero no está enamorado de ella?

— No sé, la verdad.

— ¡Qué cosa más rara! ¿Qué tipo tiene?

— Es así..., algo rubia...

— ¿Y tiene hermosos ojos?

— No tanto como usted — dijo Martín.

A Rosita Briones le centellearon[5] los ojos y envolvió[6] a Martín en una de sus miradas enigmáticas.

1 *soudain.*

2 la novia : *l'amie ou la fiancée.*

3 *jolie.*

4 inf. estar. acostumbrado a : *être habitué à...*

5 inf. centellear : *étinceler.*

6 inf. envolver : *envelopper.*

Pío Baroja (escritor español), *Zalacaín el aventurero.*

1. *Presentad a los dos personajes del diálogo (quiénes son, de quién están hablando...) ¿Comprendéis lo que le ha sucedido a Martín Zalacaín?*

2. *A vuestro parecer, ¿por qué le hace Rosita tantas preguntas a Martín?*

3. *¿Qué nos permiten suponer las respuestas de Martín? ¿Qué nos revelan las últimas líneas del texto?*

ALTO

«**¡Qué** cosa **más** rara!» (l. 16).
L'exclamation porte sur un nom accompagné d'un adjectif.
Retenez cette tournure.

OBRAS

1. Transcribe el diálogo de la línea 3 a la línea 11 pasando de «usted» a «tú».

2. Imagina que a su vez, Martín le hace preguntas a Rosita a propósito de su novio (pueden tutearse o tratarse de usted).

SEMANA SANTA

POR AIRE, mar y tierra la Semana Santa se convierte[1] en una oportunidad[2] ideal para las minivacaciones del año. Es cuando se produce el primer éxodo de viajeros que buscan un lugar para relajarse. CAMBIO 16 publica un informe especial[3] con las principales opciones y servicios a los que se puede apelar[4] para combatir el «stress», divertirse y conocer el mundo.

España, la fábrica del sol de Europa, ofrece a extranjeros y españoles las mejores oportunidades continentales de gozar de[5] unas vacaciones de marzo, con sol y playas, nieve y esquíes o simplemente paz, ese *producto* cada vez más[6] exótico en las grandes ciudades.

La Europa más meridional y, por tanto[7], más soleada en estas postrimerías[8] del invierno es española : las islas Canarias, montadas sobre el mismo paralelo que Miami.

ESPAÑA, A UN PASO

Para relajarse, llevar una vida sana, estar en contacto con la naturaleza, dedicarse[9] al reposo, a la reflexión y al *dolce far niente,* nada mejor que pasar unos días en un monasterio de los que salpican[10] la geografía española.

Algunos se han convertido en hoteles, otros en hospederías[11].

SOL

Después de varios meses de frío, bufandas[12], abrigo[13] y guantes, la Semana Santa puede convertirse en un anticipo de verano y sol : hay varios lugares en España, tanto en la Península como en las islas, que tienen casi garantizado un clima soleado, productor de un moreno[14] más o menos integral que lucir[15] a la vuelta.

NIEVE

Los remontes están funcionando, los esquíes están listos[16] y 27 estaciones de esquí, repartidas a lo largo y ancho de España, esperan la avalancha de aficionados que llegará por estas fechas para deslizarse[17] por las pistas. Semana Santa es la última fase de la temporada, la postrera oportunidad de esquiar antes del próximo invierno.

Cambio 16, nº 747, 24/3/1986.

1 inf. convertirse.
2 *une occasion.*
3 *ici : dossier spécial.*
4 *recourir.*
5 gozar de : *jouir de ...*
6 *de plus en plus.*
7 *de ce fait.*
8 últimos días.
9 *se consacrer.*
10 *qui émaillent.*
11 *hôtelleries.*
12 *cache-nez.*
13 *manteau.*
14 *un bronzage.*
15 *arborer.*
16 *prêts.*
17 *glisser.*

Encapuchados de Semana Santa.

Diego Rivera, *Vendedora de flores,* 1949.

Eduardo Arroyo, *Réflexions sur l'exil : Irún-Hendaye 1939-1976,* 1976.

Si este campo verde fuera...

Si este campo verde fuera[1]
de pronto el mar, estaría[2]
todo él en movimiento.

Los caballos nadarían[3],
dando más cumbre a las olas.
Los toros, paciendo[4] *el mar,*
las medias lunas al viento,
**más horizonte a las olas.*

Y los rebaños de ovejas,
albos vellones[5] *del mar,*
**más espumas a las olas.*

Pero este campo está fijo,
quieto al sol, sin movimiento,
sin comprender que si fuera
de pronto el mar, dejaría
de[6] *estar quieto.*

[1] *était.*
[2] *serait.*
[3] *nageraient.*
[4] inf. pacer : *paître.*
* *verbe sous-entendu ;* darían : *donneraient.*
[5] el vellón : *la toison.*
[6] *il cesserait de...*

Rafael Alberti,
Poemas del destierro y de la espera.

1. *Describid el paisaje real* (réel) *que está contemplando Rafael Alberti.*

2. *¿En qué se transforma este paisaje gracias a la fantasía del poeta? ¿Comprendéis qué elementos visuales permiten el paso* (le passage) *de la realidad al sueño? **(la inmensidad del campo puede evocar...; el galope de los caballos se parece a...; el color blanco de las ovejas...).***
Pero ¿dura hasta el final la ilusión?

3. *Si recordamos que Rafael Alberti, poeta andaluz, escribió este poema en el destierro* (en exil), *¿cómo se pueden comprender su sueño y la tonalidad de la estrofa final?*

ALTO

1. «... **estaría** todo él...» (v. 2-3); «... Los caballos **nadarían**» (v. 4); «... este campo... **dejaría...**» (v. 15). Apprenez le conditionnel présent des verbes en -AR :

ESTARía
ías
ía
íamos
íais
ían

Les verbes en -ER et en -IR se conjuguent de la même façon (Cf. Gram. p. 192).

2. Souvenez-vous de la conjugaison du futur de l'indicatif (Cf. p. 60). Observez que le futur de l'indicatif et le conditionnel présent se forment à partir de l'infinitif (Cf. Gram. p. 192).

OBRAS

A imitación de este poema de R. Alberti, escribe otro empezando por :
Si este campo fuera
de pronto el cielo...
Puedes utilizar los mismos elementos descriptivos que el poeta.

Un fantasma de tercer orden

DON FLORÍN, RICARDO, y el FANTASMA.

El Fantasma ha entrado, solemne[1] *en su vestidura blanca.*

FLORÍN. — ¡Cómo! ¿Qué broma[2] es ésta, Ricardo?

RICARDO. — ¡Chist! Buenas noches, señor fantasma. ¿Qué, se va usted ya?

FANTASMA *(solemne y desdeñoso*[3]*).* — ¡Miserable mortal!

RICARDO *(contento a don Florín).* — ¿Ha oído usted? *(Al Fantasma)* No tenga miedo; este señor es un amigo.

FANTASMA. — ¡Miserable mortal!... *(Estornuda*[4] *dos veces seguidas*[5] *y pierde el tono).* Esa ventana, hágame el favor.

RICARDO. — En seguida. *(La cierra).*

FLORÍN. — Basta, Ricardo. ¿Son éstas tus diversiones? Pues para ti; yo me marcho a la cama.

RICARDO. — Don Florín, ¡piense usted que está delante del más allá![6]

FLORÍN. — ¿No es una broma tuya?

RICARDO. — Se lo juro.

FLORÍN. — Pero entonces ¿Qué significa esto? Hable usted.

FANTASMA *(acobardado*[7]*).* — Yo... ¿Y qué voy a decir yo después de ese estornudo?

FLORÍN. — ¿Quién es usted? ¿Qué hace usted aquí?

FANTASMA. — ¿Quién soy yo? Yo me llamo don Joaquín, y les juro a ustedes que soy incapaz de matar una mosca[8].

RICARDO *(indignado).* — ¿Qué dice? ¿Es posible que no sea usted un fantasma de verdad?

FANTASMA. — Perdónenme, tengo la cabeza loca. Yo vine[9] a esta casa hace cuatro años; estaba desalquilada[10], y para que no viniera nadie a quitármela[11] se me ocurrió[12] vestirme de blanco y pasearme con una antorcha[13] por el salón. Era el más feliz de los fantasmas. Pero vinieron estos señores, y aquí empezaron mis desventuras[14]. Tenía que presentarme a ellos; para eso no había más remedio[15] que documentarse un poco. Y empecé a leer libros sobre la materia. ¡Qué libros, santo Dios! ¡Los pelos se me ponían de punta[16].

RICARDO. — ¡Qué vergüenza[17]! ¡Es usted un fantasma de tercer orden, sin la menor dignidad!

Alejandro Casona (escritor español), *La sirena varada.*

1 *solennel.*
2 *blague, plaisanterie.*
3 *dédaigneux.*
4 inf. estornudar : *éternuer.*
5 *deux fois de suite.*
6 *l'au-delà.*
7 *apeuré.*
8 *tuer une mouche.*
9 pretérito irregular de venir.
10 *inoccupée.*
11 *me la prendre.*
12 *il m'est venu à l'idée...*
13 *une torche.*
14 *mes déboires.*
15 *il n'y avait pas d'autre solution.*
16 *mes cheveux se dressaient sur ma tête.*
17 *quelle honte !*

1. *Presentad a los tres personajes de esta escena teatral. A vuestro parecer, ¿dónde y cuándo pasa la acción?*

2. *Tratad de definir la evolución de los personajes :* ***al principio Ricardo parece... en cambio Florín... Pero después del estornudo... El fantasma en las primeras réplicas... mientras que al final...***

3. *Estudiad más detenidamente lo que cuenta don Joaquín : ¿cómo puede explicarse su presencia en la casa? ¿Cómo llegó a disfrazarse de* (se déguiser en) *fantasma?*

4. *¿Por qué nos hace reír el relato del fantasma?*

ALTO

1. «Yo **vine** a esta casa...» (l. 26) ; «... **vinieron** estos señores...» (l. 30).

Apprenez le prétérit irrégulier de **VENIR :**

Vine
Viniste
Vino
Vinimos
Vinisteis
Vinieron

2. «... para que **no viniera** nadie...» (l. 27).
On forme l'imparfait du subjonctif à partir de la 3e personne du pluriel du prétérit :

Vinieron → Viniera
Vinieras
Viniera... (Cf. Gram. p. 194).

3. **«... se me ocurrió** vestirme de blanco **para que no viniera nadie...»** (l. 27).
La locution conjonctive **para que** *(pour que, afin que)* est suivie du subjonctif. Comme le verbe de la principale est au passé, celui de la subordonnée doit être au subjonctif imparfait : c'est la règle de **la concordance des temps** (Cf. Gram. p. 180).

Quino

OBRAS

Representad esta escena teniendo en cuenta las entonaciones, los ademanes, etc.
Podéis también disfrazaros. Si os parece demasiado largo el papel del fantasma, puede ayudaros un apuntador *(un souffleur).*

Por el país del sueño y de la evasión...

«He comprado un castillo en ruinas en los montes de Aragón. ¡Ah! Un lugar delicioso con yedra[1] y murciélagos[2]... Además, no hay un alma viviente en tres leguas a la redonda[3]...»

Alejandro Casona.

«El fondo del mar es como el monte ... con el cielo más bajo. ¡Verás qué felices somos allá! Tendremos una casita en lo más hondo[4]... Y las noches claras saldremos a ver los barcos que pasan por arriba moliendo[5] con la hélice las estrellas...» (habla una Sirena).

Alejandro Casona.

[1] la yedra : *le lierre.* - [2] el murciélago : *la chauve-souris.* - [3] *à trois lieues à la ronde.* - [4] *au plus profond.* - [5] inf. moler : *moudre.*

Cruzada

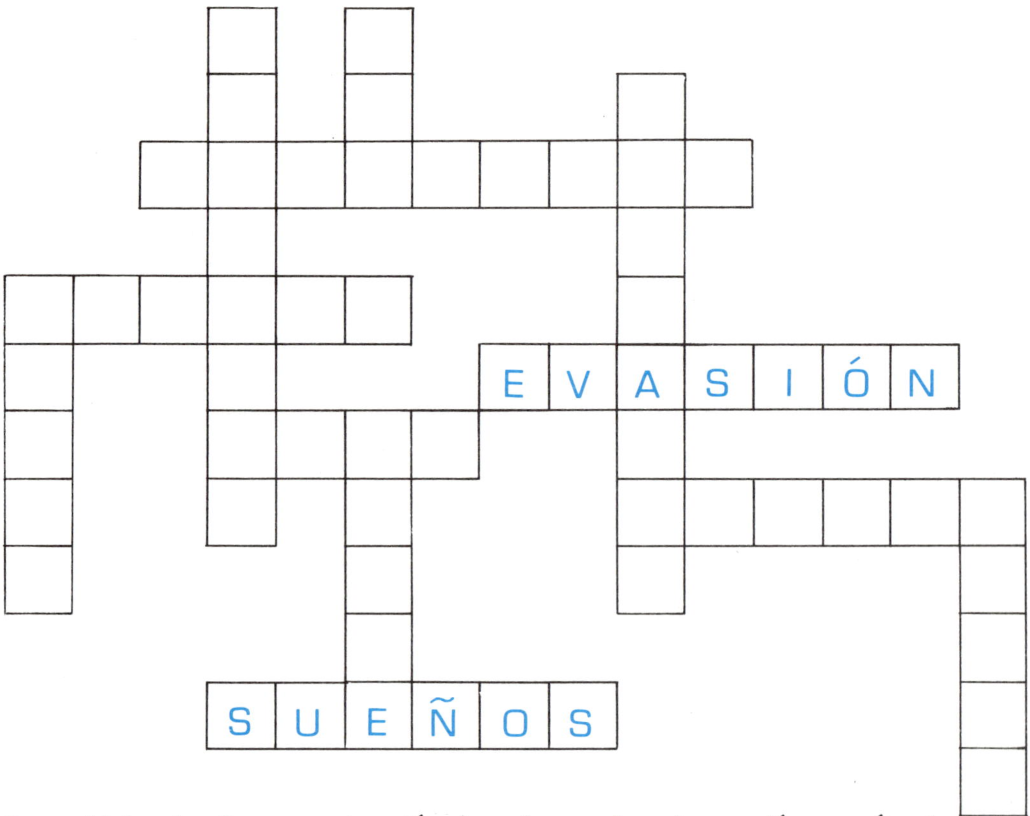

Como Alejandro Casona, abandónate a tus sueños de evasión : verás el campo, el mar, la casita de la sirena, los montes, el castillo y su fantasma, un cielo de noche clara con luna y estrellas...

1. *Describid el dibujo (el lugar, los personajes) :* ***Estamos en... De espaldas a*** (tournant le dos à) ***la ventana, el marido... Sentada en el respaldo del sillón, su mujer...***

2. *Describid el semblante* (l'expression du visage) *de cada personaje : ¿cómo os explicáis la diferencia?*

3. *Fijaos en la pregunta del marido : ¿comprendéis lo que ha pasado? ¿Os parece humorístico el dibujo?*

La pesca del atún (España del sur).

Viaje

El mar de color de lata[1]*.*

El corazón del marino
tiene su aguja imantada[2]*.*

— Capitán,
se te ha olvidado
dejar en tierra
una carta — .

En la página del mar,
firma[3] *el sol*
con tinta[4] *blanca.*

Emilio Prados (poeta español), *Tiempo.*

[1] la lata : *le fer-blanc.*

[2] la aguja imantada : *l'aiguille aimantée.*

[3] inf. firmar : *signer.*

[4] la tinta : *l'encre.*

Canción de la novia del pescador

A la pesca del atún[1]
se van los mozos,
que no se enfade[2] *la mar*
y vuelvan todos.
¡Ay, madre, que se me va,
que se me marcha mi novio!
De la pesca del atún
vendrán los mozos
y traerán las barcas llenas[3]
de peces de oro.
¡Ay, madre, me casaré,
si quiere el mar, en otoño!

Jesús López Pacheco (escritor español).

1 el atún : *le thon.*
2 inf. enfadarse : *se fâcher.*
3 *pleines.*

Canción del pescador

Tengo las redes[4] *llenas*
manos vacías[5],
las redes son del amo[6]
las manos mías.
Estaba el mar vacío
bajo la noche,
con sudor lo llenamos
los pescadores.

Está el campo sombrío
de madrugada[7],
con las manos hacemos
la luz del alba.
¿Cuándo será la tierra
tuya en tus manos,
tuya la barca y redes
y el mar tu esclavo?

Carlos Álvarez (escritor español),
cantado por Nuestro Pequeño Mundo.

4 la red : *le filet.*
5 *vides.*
6 el amo : *le maître, le patron.*
7 la madrugada : *le petit jour.*

1. *Esta canción se compone de dos poemas : ¿quién habla en cada uno de ellos? ¿Cuál es su situación? (dónde está, qué está haciendo...).*

2. *¿Qué sentimientos contradictorios experimenta la novia? (**Como su novio está en el mar, la novia... Pero los verbos en futuro sugieren...**) Mientras tanto* (pendant ce temps) *¿qué siente el pescador? ¿Por qué?*

3. *¿Qué representa el mar para la novia? ¿Y para el pescador? ¿Comprendéis los sentimientos de los dos?*

ALTO

1. « **que no se enfade** la mar/y **vuelvan** todos. » (v. 3-4).
Remarquez l'emploi du subjonctif dans l'expression du souhait.

2. « las manos (son) **mías.** » (v. 4) ; « ¿Cuándo será la tierra **tuya... ?** » (v. 13-14).
Retenez les pronoms possessifs des deux premières personnes.

3. « las redes **son del** amo » (v. 3).
L'expression **ser de** indique la possession *(pertenecer a).*

OBRAS

¿Te parece que la canción y la foto nos dan la misma visión del oficio de pescador ? Justifica tu respuesta comparando los dos documentos.

Agustín Navarro Costa, *Marina.*

Qué bien navega la barca...

¡Qué bien navega la barca
si viento de amor la mece[1]*!*
Las estrellas por el agua
y por el cielo los peces.

Por las nubes, por el aire,
bajo el cielo, sobre el mar.
En un caballo con alas
ya me siento cabalgar.

[1] inf. mecer : *bercer.*

Concha Lagos (poetisa española).

Meditación de un marino

... Luego, cuando ya estoy saturado de espumas[1], de olas[2], de gemido del viento, subo por la cuesta de los Perros hasta lo alto de las dunas, y avanzo por entre los maizales[3]. Allá está la aldea[4] tranquila donde vivo, allá están los míos. Voy acercándome a mi casa; la familia, en estos días de invierno reunida en la cocina, delante del fuego del hogar[5] me espera.

Allí cuento yo mis aventuras, y las adorno[6] con detalles sacados de mi imaginación; pero las he contado tantas veces que mi mujer me reprocha un poco burlonamente[7] que las repito demasiado.

A veces me preocupa la idea de que si alguno de mis hijos tendrá inclinación por[8] ser marino o aventurero.

Pero no, no la tienen, y yo me alegro... y, sin embargo...

Ya en Lúzaro nadie quiere ser marino; los muchachos de familias acomodadas[9] se hacen ingenieros o médicos. Los vascos se retiran del mar.

Sí, yo me alegro de que mis hijos no quieran ser marinos... y, sin embargo...

Pío Baroja (escritor español), *Las inquietudes de Shanti Andía.*

[1] la espuma : *l'écume.*
[2] las olas : *les vagues.*
[3] *les champs de maïs.*
[4] el pueblo.
[5] el hogar : *le foyer.*
[6] inf. adornar; *ici : enjoliver.*
[7] *d'un ton moqueur.*
[8] tener inclinación por : *avoir un penchant pour ...*
[9] *aisées.*

1. *Presentad al protagonista de este texto : su oficio, sus actividades, el tema de sus meditaciones* ***(El protagonista es... Le gusta mucho... A menudo*** — souvent — **piensa en ...).**

2. *A vuestro parecer, ¿por qué no quieren ser marinos sus hijos?*

3. *« Yo me alegro... y, sin embargo... » : ¿qué nos revela esta frase acerca de los sentimientos del marinero?*

OBRAS

1. Transcribe el primer párrafo del texto empezando por : « En aquella época, cuando ya estaba saturado... ».

2. Sin repetir el texto, completa las frases :
— He contado tantas veces mis aventuras que ...
— Los vascos se retiran del mar porque ...
— Yo me alegro de que mis hijos... y sin embargo...

Nunca olvidaré...

El tío[1] era rubio y llevaba el pelo muy corto. Tenía los ojos azules con reflejos plomizos[2]. Hablaba un poco demasiado alto[3].

— Aquella noche[4], en la cubierta[5], no nos entendíamos nosotros mismos. ¡Era una horrible pesadilla[6]! Algo sucedió[7] que no he olvidado[8] y creo que nunca olvidaré.

— ¿Qué ocurrió[9], tío? — preguntaron la niña y el niño al mismo tiempo.

— Pues bien, aquella horrible noche hubo[10] un momento de extraña calma. Hubo casi un silencio. Y entonces, todos los que estábamos en el barco oímos la voz de un hombre que llamaba desesperadamente desde las aguas.

Era una voz angustiada[11]. Al principio[12] nos quedamos todos petrificados. Pero la voz volvió a llamar[13]. Había que salvar[14] a aquel hombre y salvarlo inmediatamente. Trajeron[15] todas las luces que teníamos y empezamos a mirar las aguas.

— ¡Ahí está! ¡Ahí está!

— ¿Dónde? ¿Dónde? ¿Dónde?

Por fin lo vimos : vimos una cara pálida, unas manos que se agitaban frenéticamente y una embarcación pequeña. Empezaron a izar a bordo[16] a aquel hombre que había desafiado[17] los peligros[18] de la terrible furia del mar. Y entonces precisamente, la tempestad volvió más espantosa[19] que al principio...

Pero la noche y la tempestad fueron pasando. Llegó el primer rayo de sol. Entonces ¡qué hermoso[20] se nos apareció todo! La tierra estaba cerca. El mar tenía un color azul verdoso brillante y era transparente, claro y límpido...

Ángela Ionescu, *El hombre de las islas.*

1 *l'oncle.*
2 *des reflets couleur de plomb.*
3 inf. hablar alto : *parler haut.*
4 *cette nuit-là...*
5 *le pont.*
6 *un cauchemar.*
7 algo pasó.
8 inf. olvidar : *oublier.*
9 ¿qué pasó?
10 pretérito irregular de haber.
11 *angoissée.*
12 *au début.*
13 *appela à nouveau.*
14 *il fallait sauver.*
15 pretérito irregular de traer.
16 *à bord.*
17 inf. desafiar : *défier.*
18 *les dangers.*
19 *effroyable.*
20 *beau.*

En el muelle del puerto, Arenys de Mar.

Peñón de Ifach, Alicante.

No perderemos el tren (Fotograma de la película *En Septiembre*).

311 Madrid — Córdoba — Bobadilla — Málaga 311

Identificación del tren	Exp. 942 *	Trn. 4338	Ráp. 512 11512	TALGO 140
Prestaciones — Plazas asiento	1-2	2	2	1-2
Cama o litera	cama, litera			
Restauración			minibar	restaurante
Itin. Km. Particularidades	5 D		6 E	7 A
0 MADRID-Chamartín S.	2.48			9
8 MADRID-Atocha (apd.)	3.01			
0 MADRID-Atocha S.			10.45	14.05
49 Aranjuez			11.24	
225 Valdepeñas			13.06	
315 Linares-Baeza	7.30		14.18	17.20
442 CÓRDOBA Ll.	9.09		16.07	18.53
S.	9.20	13.00	16.18	18.58
566 Bobadilla Ll.	11.09	15.06	18.11	20.35
S.	11.15	15.24	18.15	20.36
635 MÁLAGA Ll.	12.22	16.32	19.11	21.28

* Picasso-Estrella.

5 Procede de Bilbao con salida, miércoles y viernes, y desde el 2-VI al 26-IX-86, también los lunes. Llega a Málaga, neves y sábados y desde 2-VI al 26-IX-86 también domingos.

6 Entre Córdoba y Málaga lleva servicio de minibar .

7 Tren con servicio de vídeo.

OBRAS

Tienes que ir de Madrid a Málaga. Aprovechas la ocasión para saludar a unos amigos que viven en Bobadilla y comer con ellos (¡cuidado con el horario del almuerzo en España!).
Organiza tu viaje. **(Lo mejor es coger el tren que sale de ... a las ... y llega a ... a las ... Y luego...).**

Escapada improvisada

— Nos vamos.
— ¿De verdad? ¿Adónde?
— A la Costa del Sol.
— Cinco minutos.
— Dos. Te espero en el garaje.

En el coche Luis se siente más seguro[1], porque en el despacho[2] corre el peligro de que alguien intente chafarle[3] sus modestos planes de evasión. Su despacho, su hogar y su vida están allí en el hotel, en esa fábrica que no para, en esa colmena[4] que no descansa, en esa casa con las puertas abiertas de día y de noche. Es mucha la gente que puede sentir, en cualquier momento, la necesidad de ver al director del hotel para pedirle un favor, para resolver un problema, para darle un disgusto[5], para invitarle a una copa o pedirle un donativo[6].

Sofía entra en el coche, feliz por la escapada. Salen a la carretera más animada de España, doblan[7] a la izquierda : Montemar, Benalmádena, Los Carvajales. Hace tiempo que descubrieron el gran placer de esta intimidad del coche, superior a la del hogar, libre del gran enemigo : el teléfono.

El coche anda sin apenas ruido por la carretera ancha[8] y bien asfaltada. Fuengirola.

— Vamos por el paseo marítimo.

Ángel Palomino (novelista español), *Torremolinos Gran Hotel.*

[1] *en sécurité.*
[2] el despacho : *le bureau.*
[3] *fam. lui démolir.*
[4] *cette ruche.*
[5] *une contrariété.*
[6] *un don, une aide financière.*
[7] inf. doblar : *tourner.*
[8] *large.*

1. *Presentad a los personajes del texto. ¿Qué han decidido hacer?*

2. *¿Qué sabemos de la vida que lleva el marido? Fijaos particularmente en la descripción de las líneas 8 a 14.*

3. *¿Por qué les gusta tanto a Luis y Sofía estar en el coche?*

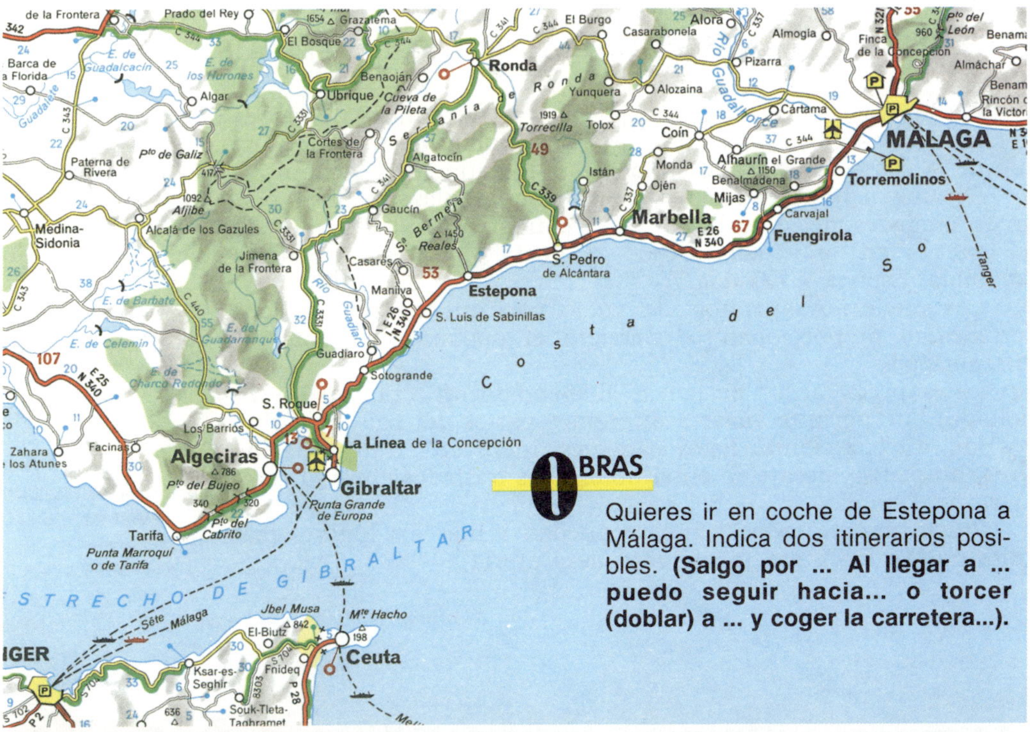

OBRAS

Quieres ir en coche de Estepona a Málaga. Indica dos itinerarios posibles. **(Salgo por ... Al llegar a ... puedo seguir hacia... o torcer (doblar) a ... y coger la carretera...).**

Remolcando una avioneta en Méjico.

ATRACTIVOS[1] PLANES PARA VIAJAR A TODO EL PAÍS

Aeroméxico, la línea oficial de México, fue fundada el 16 de septiembre de 1934, con la ruta[2] entre la ciudad de México y un sitio de la costa del Pacífico conocido mundialmente : Acapulco.

Aeroméxico cubre una red[3] de rutas que enlaza[4] a 39 importantes ciudades del interior de la República Mexicana y a 11 del exterior en los Estados Unidos, Canadá, Panamá, Venezuela, Colombia, España y Francia.

Los modernos aparatos[5] de vuelo con que cuenta la línea Aeroméxico proporcionan[6] al pasajero el máximo de confort y de seguridad.

La empresa[7] acaba de lanzar al mercado un VIT (viaje todo incluido) que permite viajar a diferentes partes del país, con ahorros[8] del 40 por ciento. Estos paquetes[9] incluyen[10] transportación aérea, hospedaje, desayuno en el hotel y los traslados entre el aeropuerto y el hotel.

Prácticamente todo el año se pueden visitar los lugares más bellos de México a precios de verdadera oferta[11].

Summa, 8/5/1986.

1 atractivo : *attrayant.*
2 *la route aérienne.*
3 *un réseau.*
4 inf. enlazar : *relier.*
5 *appareils.*
6 inf. proporcionar ; *ici, offrir.*
7 *ici, la compagnie.*
8 *des économies.*
9 *ici, forfaits.*
10 inf. incluir : *inclure, comprendre.*
11 *vraiment avantageux.*

Tiene una avería el Jaguar

— Buenas tardes — saluda Tony Mackenzie al acercarse a Manuel Zapata que advierte[1] en el acto[2] que el desconocido es extranjero.

— Venga con Dios.

— Perdone.

— Nada hay que perdonar. ¿Qué le trae por este pago[3]?

— Una avería[4] en el automóvil.

— ¿Algo serio?

— La bobina, hemos de suponer.

— ¡Carajo, la bobina! ¿Viene solo?

— No.

— ¿Dónde ha dejado el coche?

— En la carretera, frente a la entrada.

Manuel Zapata invita al forastero[5] a pasar al patio, le indica que espere a la sombra y se dirige a la casa de máquinas. Al cabo de[6] unos minutos, el capataz[7] sale acompañado de José González Jiménez, un hombre delgado, de mediana estatura, como de edad de treinta años; viste un mono azul[8], se toca con[9] un sombrero de palma y trae una llave inglesa en la mano izquierda.

— Saca un Land Rover — le dice Manuel Zapata — y llévate un enganche[10].

— ¿Qué coche tiene Vd? — le pregunta José González a Tony.

— Jaguar.

— ¿Automático?

— Automático, sí.

José González Jiménez entra en el garaje, sale conduciendo un Land Rover de doble tracción e invita a Tony a subir a su lado. El coche cruza el patio y enfila el camino de entrada al cortijo[11].

— Vd tranquilo y no se preocupe. Vamos a ver si hay suerte que a lo mejor se trata de alguna desconexión[12].

— ¡Okey!

Alfonso Grosso (autor español), *Los invitados.*

1 inf. advertir : *remarquer.*
2 *tout de suite.*
3 *par ici.*
4 *une panne.*
5 el forastero : hombre que no es del pueblo.
6 *au bout de.*
7 *le contremaître* (Manuel Zapata).
8 *un bleu de travail.*
9 *il est coiffé de ...*
10 el enganche permite remolcar un vehículo.
11 el cortijo : *la ferme andalouse.*
12 una desconexión : *un faux contact.*

OBRAS

La avería se produjo cerca de Paradas, en la región de Sevilla. Tony iba hacia Cádiz, a casa de su hermana.
Quiere avisarla de su retraso mandándole un telegrama desde la oficina de correos de Paradas.
Copia este impreso en tu cuaderno y rellénalo.

EL EXPEDIDOR DEBE RELLENAR ESTE IMPRESO, EXCEPTO LOS RECUADROS EN TINTA ROJA
SE RUEGA ESCRIBA CON LETRAS MAYUSCULAS O CARACTERES DE IMPRENTA

TG-1

INS. O NUMERO DE MARCACION	SERIAL	Nº DE ORIGEN	TELEGRAMA			INDICACIONES TRANSMISION
LINEA PILOTO						
OFICINA DE ORIGEN		PALABRAS	DIA	HORA	IMPORTE EN PESETAS	

INDICACIONES: | DESTINATARIO:
SEÑAS:
TELEFONO: TELEX:
DESTINO:

TEXTO:

SEÑAS DEL EXPEDIDOR | NOMBRE | TFNO.
DOMICILIO | POBLACION

Vendedora de flores en un tren de los Andes.

1. *Presentad esta foto (**La foto fue sacada en... En primer término una vendedora de aros y margaritas... Esta mujer... Detrás de los ramos de flores distinguimos...**).*

2. *¿Comprendéis por qué al fotógrafo le sedujo (inf. seducir :* séduire*) esta escena? (observad la belleza de las flores, los contrastes de colores, etc.).*

3. *¿En qué consiste para nosotros, europeos, lo insólito de esta foto? (**Para nosotros lo insólito consiste en que...**).*

Viaje lleno de sorpresas

Para tomar el tren a[1] Jauja hay que comprar el boleto la víspera[2] y presentarse en la estación de Desamparados a las seis de la mañana. Me han dicho que el tren va siempre lleno y, en efecto, debo tomar el vagón por asalto[3]. Pero tengo la suerte de conseguir un asiento[4], en tanto que la mayoría de pasajeros viajará de pie.

Aunque[5] he comido algo antes de dejar Lima, a las pocas horas siento hambre. Es imposible comprar nada en las estaciones en las que el tren deja o recoge[6] pasajeros : Chosica, San Bartolomé, Matucana, San Mateo, Casapalca, La Oroya.

Hace veinticinco años, los vendedores ambulantes asaltaban los vagones en cada parada[7], ofreciendo frutas, gaseosas[8], sandwiches, dulces[9]. Ahora, sólo pregonan chucherías[10] o cocimientos de hierbas[11]. Pero con todas sus incomodidades y su lentitud, el viaje está lleno de sorpresas, la primera de las cuales son estos vagones trepando[12] desde el nivel del mar hasta los cinco mil metros para cruzar[13] los Andes en el Paso de Anticona, al pie del monte Meiggs.

Ante el soberbio espectáculo, me olvido de los soldados con fusiles apostados en cada vagón y de la ametralladora[14] que hay en el techo de la locomotora en previsión de ataques.

Mario Vargas Llosa (escritor peruano), *Historia de Mayta.*

1 con destino a.
2 *la veille.*
3 *d'assaut.*
4 *un siège ; ici, une place.*
5 *bien que.*
6 *laisse ou prend.*
7 la parada : *l'arrêt.*
8 *des limonades.*
9 *ici, des gâteaux.*
10 *des sucreries.*
11 *des infusions.*
12 inf. trepar : *grimper.*
13 *traverser, franchir.*
14 *la mitrailleuse.*

1. *Después de situar Lima y Jauja en el mapa del Perú, intentad definir la particularidad de esta línea de ferrocarril.* ***(El tren sale de Lima que se sitúa... y llega a Jauja, es decir...).***

2. *¿Por qué no resulta nada fácil este viaje?* ***(Antes del viaje se plantea el problema de... Luego...).***

3. *Sin embargo, ¿qué sorpresas agradables le permiten al viajero olvidarse de estos inconvenientes?*

aLTO

«... **hay que** comprar el boleto...» (l. 1) ; «... **debo** tomar el vagón por asalto.» (l. 4).

Remarquez ces deux formes de l'obligation :

- l'obligation impersonnelle : **hay que** + infinitif ;
- l'obligation personnelle : **debo** (inf. deber) + infinitif.

OBRAS

Imagina que el narrador le da consejos a un amigo que va a emprender el viaje a Jauja.

(Para estar seguro de viajar sentado, debes... Cuidado, es un viaje largo y a veces peligroso; entonces hay que... no hay que...).

Ahora van a saber quién soy yo...

En Recepción hay problema. Sánchez es un recepcionista joven e inexperto : está un poco asustado[1]. El cliente es el señor Caballero : nada menos que don Luis Caballero de Medinacelli. Sobre el mostrador están su factura, impagada, y un talonario de cheques.

— Lo siento[2], señor, tenemos orden de no admitir cheques personales.

— No diga tonterías. Es la primera vez que oigo esa estupidez.

— Perdone, señor; voy a consultar.

Sánchez avisa al jefe de recepción. José Luis Herrera, sonriente y confiado, aparece tras el mostrador.

— Perdón, señor ¿alguna dificultad?

— Le advierto que[3] no estoy dispuesto a perder el tiempo : dentro de cuarenta minutos debo tomar el avión.

— Le ruego nos disculpe[4], señor; me dicen que hay dificultades con la factura.

— No hay dificultades. Le voy a dar un talón[5].

— Lo siento, señor, no admitimos talones.

— Está bien : yo lo que hago es irme ahora mismo. Mándeme la factura a casa. Y rece usted para que[6] no pierda el avión[7].

— De acuerdo, señor Caballero. Yo voy a llamar a la policía... — descuelga un teléfono — Con la comisaría de policía, por favor.

— Traiga esa factura — la voz del señor Caballero tiembla por la ira[8]. Tenga.

Saca del bolsillo del pantalón un fajo de billetes y lo arroja sobre la mesa.

— Gracias, señor, son once mil trescientas veinte... Buen viaje, señor.

Ángel Palomino, *Torremolinos Gran Hotel.*

[1] *effrayé.*
[2] inf. sentir : *regretter.*
[3] *je vous avertis que...*
[4] *je vous prie de nous excuser.*
[5] *un chèque.*
[6] *et priez le ciel que...*
[7] perder el avión : *manquer l'avion.*
[8] la cólera.

1. *Después de precisar dónde y cuándo pasa la escena, decid por qué discuten tanto el cliente y los empleados de Recepción.*

2. *¿Qué personalidad tiene cada uno de ellos? Apoyaos en elementos precisos del texto (su tono, sus reacciones, su evolución a lo largo del texto...).*

3. *A vuestro parecer, ¿quién tenía la razón?*

aLTO

«**Le ruego** (que) **nos disculpe** (inf. disculpar)...» (l. 16).

1. Rappel : souvenez-vous qu'après un verbe qui exprime un souhait, une prière, etc. la subordonnée est au subjonctif (cf. Gram. p. 179).

2. Remarquez l'omission possible de la conjonction de subordination **que** après le verbe rogar.

¡Sólo faltaba el sello!

¡Qué señora tan parlanchina!

— Me han hablado mucho de usted, joven, pero ¿quiere creer que aún no le había visto en persona? Es tremendo[1], hijo, el aislamiento[2] en que vivimos los viejos... Tremendo.

— No diga eso, señora — respondió el joven Lepprince con una sonrisa.

— Los viejos vivimos de los recuerdos[3], hijo. Las fiestas y la diversión no se han hecho para nosotros.

El joven Lepprince disimuló un bostezo[4].

— Así que usted es francés, ¿eh? — insistió la señora.

— En efecto. Soy de París.

— Nadie lo diría[5], oyéndole hablar. Su castellano es perfecto. ¿Dónde lo aprendió?

— Mi madre era española. Siempre me habló en español, de modo que puede decirse que aprendí el español desde la cuna[6]. Incluso[7] antes que el francés.

— Qué bien, ¿verdad? A mí me gustan los extranjeros. Son muy interesantes, cuentan cosas nuevas y distintas[8] de las que oímos cada día. Nosotros siempre estamos hablando de lo mismo. Y es natural, digo yo, ¿eh? Vivimos en el mismo lugar, vemos a la misma gente y leemos los mismos periódicos[9]. Por eso debe de ser[10] que discutimos siempre : por no tener nada de que hablar. En cambio con los extranjeros no hace falta[11] discutir : ellos cuentan sus cosas y nosotros las nuestras. Yo me llevo mejor con[12] los extranjeros que con los de aquí.

— Estoy seguro de que usted se lleva bien con todo el mundo.

Eduardo Mendoza (novelista español), *La verdad sobre el caso Savolta.*

1 *terrible.*
2 *l'isolement.*
3 el recuerdo : *le souvenir.*
4 *un bâillement.*
5 *litt. personne ne le dirait : on ne le dirait pas.*
6 *dès le berceau.*
7 *et même.*
8 diferentes.
9 los diarios *(les journaux).*
10 *c'est sans doute pour cela.*
11 no es necesario.
12 inf. llevarse con : *s'entendre avec.*

1. *Al leer el diálogo ¿de qué nos enteramos* (qu'apprenons-nous) *acerca de la vida de cada uno de los personajes?*

2. *Estudiad las diferentes reacciones del joven Lepprince durante la conversación : a vuestro parecer, ¿le agrada mucho la compañía de la anciana?*

3. *La señora prefiere los extranjeros a sus paisanos* (ses compatriotes) *: ¿entendéis por qué?*

4. *Pensad en lo que ya sabéis de la vida cotidiana en España : ¿os parece que son tantas las diferencias con la vuestra?*

aLTO

1. «Nadie lo **diría...**» (inf. decir) (l. 11).
Apprenez le conditionnel irrégulier de **decir :**

Diría
Dirías
Diría
Diríamos
Diríais
Dirían

2. «Por eso **debe de ser...**» (l. 20).
Attention ! ne confondez pas :
— **Deber de** + inf. : expression de l'hypothèse, de la supposition.
— **Deber** + inf. (cf. texte p. 145) : expression de l'obligation personnelle.

Tossa de Mar, ayer y hoy.

Por aquellos pinares
ibas tú con tu perro,
soñando en los lagartos[1].
Rascacielos[2] *ahora.*
Todavía está el mar.
Y canta menos.

Rafael Alberti.

1 *les lézards.*
2 *des gratte-ciel.*

OBRAS

¿Te parece que la anciana del texto y este viejo artesano *(artisan)* reaccionan de la misma manera frente a los turistas?

De Euskadi a Levante,
de Galicia a Andalucía
de mar a mar...

ESPAÑA ENUNVUELO

Para realizar ese vuelo, Aviaco Líneas Aéreas le ofrece las alas de una de las más modernas flotas de Europa que le llevarán en un rápido y cómodo viaje a su destino.

AVIACO vuela a 22 ciudades acortando las distancias de España para que Vd. llegue pronto a casa, descansado a esa importante y lejana entrevista o comience unas felices vacaciones.

Viaje rápido, vuele cómodo y llegue puntual disfrutando de la calidad de nuestro servicio.

AVIACO
LINEAS AEREAS

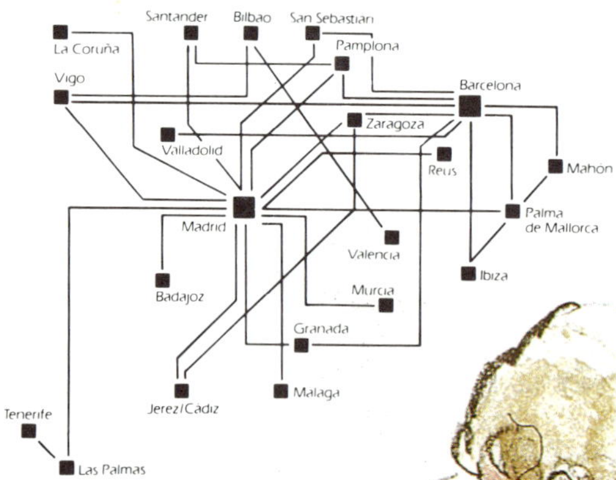

Cruzada

Por el mundo...

Después de reproducir la cruzada en tu cuaderno coloca en ella las catorce palabras siguientes :

4 letras : tren.
5 letras : avión, salir.
6 letras : cómodo, rápido, viajar.
7 letras : puntual.
8 letras : estación, pasajero.
9 letras : autopista.
10 letras : aeropuerto.
11 letras : transportes.

18 Cuentos

El queso de la vieja y el viejo

Una vieja y un viejo tenían un queso[1].

Vino[2] un ratón[3] y se comió el queso, que tenían la vieja y el viejo.

Vino un gato y se comió al ratón, que se comió el queso, que tenían la vieja y el viejo.

Vino un perro y mató[4] al gato, que se comió al ratón, que se comió el queso, que tenían la vieja y el viejo.

Vino un palo[5] y le pegó[6] al perro, que mató al gato, que se comió al ratón, que se comió el queso, que tenían la vieja y el viejo.

Vino el fuego y quemó[7] el palo, que pegó al perro, que mató al gato, que se comió al ratón, que se comió el queso, que tenían la vieja y el viejo.

Vino el agua y apagó[8] el fuego, que quemó el palo, que pegó al perro, que mató al gato, que se comió al ratón, que se comió el queso, que tenían la vieja y el viejo.

Vino un buey[9] y se bebió el agua, que apagó el fuego, que quemó el palo, que pegó al perro, que mató al gato, que se comió al ratón, que se comió el queso, que tenían la vieja y el viejo.

El buey se acostó[10] y el cuento se acabó.

Cuento popular.

1 *un fromage.* - 2 pretérito irregular de venir. - 3 *une souris.* - 4 inf. matar : *tuer.* - 5 *un bâton.* - 6 inf. pegar : *frapper, battre.* - 7 inf. quemar : *brûler.* - 8 inf. apagar : *éteindre.* - 9 *un bœuf.* - 10 inf. acostarse : *se coucher.*

El gato y el pajarito

El gato grande y el pajarito de los siete colores no podían ser amigos.

El gato grande era gordo y perezoso[1]. El pajarito de los siete colores tenía una pequeña caja de música[2] en su suave garganta, y todo el día estaba cantando y saltando en su jaula[3].

Esto era lo que cantaba :

Vengo a decir una cosa,
y pongan mucha atención[4] :
el gato grande es tan flojo[5]
que no caza ni un ratón[6].

Cierto día el pajarito se salió de su jaula — él también quería su libertad —, y el gato grande se propuso desquitarse de sus bromas[7]. Pero cuando ya iba a hacer esto, el pajarito de los siete colores abrió su cajita de música y cantó :

Vengo a decir una cosa,
y pongan mucha atención :
el gato grande es tan bueno
que no mata ni un ratón.

El gatazo, conmovido[8], lo abrazó. El pajarito después cogió vuelo y se fue muy lejos, a conocer tierras. Algunas veces regresa[9] y visita al gato grande, porque desde aquel día en que se abrazaron son los mejores amigos del mundo.

Alarico Gómez (escritor venezolano),
Historia y antología de la literatura infantil iberoamericana.

[1] perezoso : *paresseux.* - [2] *boîte à musique.* - [3] la jaula : *la cage.* - [4] *faites bien attention.* - [5] perezoso. - [6] *une souris.* - [7] *se venger de ses plaisanteries.* - [8] *ému, attendri.* - [9] vuelve.

La pajarita de papel

Tato tenía seis años y un caballo de madera[1]. Un día, su padre le dijo :

— ¿Qué regalo[2] quieres? Dentro de poco es tu cumpleaños[3].

Tato se quedó callado. No sabía qué pedir. Entonces vio un pisapapeles[4] sobre la mesa de su padre. Era una pajarita de plata[5] sobre un pedazo de madera. Y sobre la madera estaba escrito :

PARA LOS QUE NO TIENEN TIEMPO
DE HACER PAJARITAS DE PAPEL

Al leer aquello, sin saber por qué, el niño sintió pena por su padre y dijo :

— Quiero que me hagas una pajarita de papel.

El padre sonrió[6] :

— Bueno, te haré una pajarita de papel.

El padre de Tato empezó a hacer una pajarita de papel; pero ya no se acordaba[7].

Fue a una librería y compró un libro. Con aquel libro, aprendió a hacer pajaritas de papel. Al principio, le salían mal[8]; pero, después de unas horas, hizo una pajarita de papel maravillosa.

— Ya he terminado, ¿te gusta?

El niño miró la pajarita de papel y dijo :

— Está muy bien hecha; pero no me gusta.
La pajarita está muy triste.

El padre fue a casa de un sabio[9] y le dijo :

— Esta pajarita de papel está triste; inventa algo para que esté alegre.

El sabio hizo un aparato[10], se lo colocó a la pajarita debajo de las alas y la pajarita comenzó a volar.

El padre llevó la pajarita de papel a Tato y la pajarita voló por toda la habitación[11].

— ¿Te gusta ahora? — le preguntó.

Y el niño dijo :

— Vuela muy bien, pero sigue triste[12]. Yo no quiero una pajarita triste.

El padre fue a casa de otro sabio. El otro sabio hizo un aparato. Y, con aquel aparato, la pajarita podía cantar. La pajarita de papel voló por toda la habitación de Tato. Y, mientras volaba, cantaba una hermosa[13] canción.

Tato dijo :

— Papá, la pajarita de papel está triste; por eso, canta una triste canción. ¡Quiero que mi pajarita sea feliz!

El padre fue a casa de un pintor muy famoso. Y el pintor muy famoso pintó hermosos colores en las alas, en la cola y en la cabeza de la pajarita de papel. El niño miró la pajarita de papel pintada de hermosos colores.

— Papá, la pajarita de papel sigue estando triste.

El padre de Tato hizo un largo viaje. Fue a casa del sabio más sabio de todos los sabios. Y el sabio más sabio de todos los sabios, después de examinar a la pajarita, le dijo :

— Esta pajarita de papel no necesita[14] volar, no necesita cantar, no necesita hermosos colores para ser feliz.

Y el padre de Tato le preguntó :

— Entonces, ¿por qué está triste?

Y el sabio más sabio de todos los sabios le contestó :

— Cuando una pajarita de papel está sola, es una pajarita de papel triste.

El padre regresó a casa. Fue al cuarto[15] de Tato y le dijo :

— Ya sé lo que necesita nuestra pajarita para ser feliz.

Y se puso a hacer muchas, muchas, pajaritas de papel. Y cuando la habitación estuvo llena[16] de pajaritas, Tato gritó :

— ¡Mira, papá! Nuestra pajarita de papel ya es muy feliz. Es el mejor regalo que me has hecho en toda mi vida.

Entonces, todas las pajaritas de papel, sin necesidad de ningún aparato, volaron y volaron por toda la habitación.

Fernando Alonso (escritor español),
Antología de la literatura infantil española.

[1] la madera : *le bois.* - [2] un regalo : *un cadeau.* - [3] el cumpleaños : *l'anniversaire.* - [4] *un presse-papiers.* - [5] la plata : *l'argent.* - [6] inf. sonreír : *sourire.* - [7] inf. acordarse : *se souvenir.* - [8] *elles étaient ratées.* - [9] *un savant.* - [10] *un appareil.* - [11] *la chambre.* - [12] *elle est toujours triste.* - [13] bella. - [14] inf. necesitar : *avoir besoin de.* - [15] a la habitación. - [16] *pleine.*

El hombrecito vestido de gris

Había una vez un hombre que
siempre iba vestido de gris.
Tenía un traje[1] gris,
tenía un sombrero gris,
tenía una corbata gris y un bigotito[2] gris.
El hombrecito vestido de gris hacía
cada día las mismas cosas.
Se levantaba al son del despertador[3].
Al son de la radio, hacía un poco de
gimnasia.
Tomaba una ducha, que siempre
estaba bastante[4] fría,
tomaba el desayuno, que siempre
estaba bastante caliente,
tomaba el autobús, que siempre
estaba bastante lleno,
y leía el periódico[5], que siempre decía
las mismas cosas.
Y, todos los días, a la misma hora, se
sentaba en su mesa de la oficina[6].
A la misma hora.
Ni un minuto más, ni un minuto
menos.
Todos los días igual.
El despertador tenía cada mañana el
mismo zumbido[7].
Y esto le anunciaba que el día
que amanecía[8]
era exactamente igual que el anterior.
Por eso, nuestro hombrecito del traje
gris, tenía también la mirada[9]
de color gris.

Pero nuestro hombre era gris
sólo por fuera[10]
Hacia adentro... ¡un verdadero
arco iris[11]!
El hombrecito soñaba con ser cantante
de ópera.
Famoso.
Entonces, llevaría trajes de color rojo,
azul, amarillo... trajes brillantes
y luminosos.
Cuando pensaba aquellas cosas,
el hombrecito se emocionaba.
Se le hinchaba el pecho[12] de notas

musicales, parecía que le iba a estallar[13].
Tenía que correr a la terraza y...
— ¡Laaa-lala la la la laaa...!
El canto que llenaba sus pulmones
volaba hasta las nubes.
Pero nadie comprendía a
nuestro hombre.
Nadie apreciaba su arte.
Los vecinos que regaban[14] las plantas,
como sin darse cuenta,
le echaban una rociada[15] con la regadera.
Y el hombrecito vestido de gris entraba
en su casa, calado hasta los huesos[16].

Algún tiempo después las cosas
se complicaron más.
Fue una mañana de primavera.
Las flores se despertaban en los rosales.
Las golondrinas[17] tejían[18] en el aire
maravillosas telas invisibles.
Por las ventanas abiertas se colaba[19]
un olor a jardín recién regado.
De pronto, el hombrecito vestido de
gris comenzó a cantar :
— ¡Granaaaadaa...!

En la oficina
se produjo un silencio terrible.
Las máquinas de escribir
enmudecieron[20].
Y don Perfecto, el Jefe de Planta[21] ,
le llamó a su despacho con gesto
amenazador[22].
Y, después de gritarle de todo,
terminó diciendo :
— ¡Ya lo sabe! Si vuelve a repetirse,
lo echaré a la calle[23].

Días más tarde, en una
cafetería, sucedió otro tanto[24].
El dueño, con cara de malas pulgas[25],
le señaló un letrero que decía :

Se prohíbe cantar y bailar

Y lo echó amenazándole con llamar
a un guardia.

[1] *un costume.* - [2] *une petite moustache.* - [3] *le réveille-matin.* - [4] *assez.* - [5] *le journal.* - [6] *le bureau.* - [7] el zumbido : *le bourdonnement.* - [8] *qui se levait.* - [9] *le regard.* - [10] *extérieurement.* - [11] *arc-en-ciel.* - [12] *sa poitrine se gonflait.* - [13] *éclater.* - [14] inf. regar : *arroser.* - [15] *l'aspergeaient.* - [16] *trempé jusqu'aux os.* - [17] *les hirondelles.* - [18] inf. tejer : *tisser.* - [19] inf. colarse : *se faufiler, se glisser.* - [20] inf. enmudecer : *se taire.* - [21] *le Chef d'Étage.* - [22] *d'un air menaçant.* - [23] *je vous jetterai dehors.* - [24] *la même chose.* - [25] *d'un air furieux.*

Nuestro hombre pensó y pensó.
¡No podía perder su empleo!
Tampoco quería andar por el mundo
expuesto a que lo echaran
de todas partes.
Y, al fin, se le ocurrió una
brillante idea.
Al día siguiente, fingió[26] tener un fuerte
dolor de muelas[27].
Se sujetó[28] la mandíbula con un pañuelo
y fue a su trabajo.
Así no podría cantar.
¡Aunque quisiera[29]!
Y día tras día, año tras año, estuvo
nuestro hombrecito, con su pañuelo
atado, fingiendo un eterno dolor
de muelas.

La historia termina así.
Así de mal. Así de triste.
La vida pone, a veces, finales
tristes a las historias.
Pero a muchas personas
no les gusta leer finales
tristes; para ellos hemos
inventado un final feliz...

Pero, nuestro pobre
hombrecito, merecía que le dieran una
oportunidad[30].
Así que...
Cierto día, conoció a un director
de orquesta[31].
Y éste quiso oírle cantar.
El hombrecito, muy contento, pero
con un poco de miedo,
salió al campo con el director
de orquesta.
Y allí, rodeados de flores y de pájaros,
nuestro hombrecito se quitó el pañuelo
y cantó mejor que nunca[32].
El director de orquesta estaba
tan entusiasmado
que lo contrató[33] para inaugurar la
temporada[34] del Teatro de la Ópera.
Y la noche de su presentación,
que se anunció en todos los periódicos,
don Perfecto, el Jefe de Planta,
los vecinos que le habían regado,
el dueño de la cafetería
y todos los que le habían perseguido[35]
con sus risas,
hicieron cola[36] y compraron entradas
para oírle cantar.
Y asistieron al triunfo del hombrecito.

Y el hombrecito quemó[37] todos sus trajes
y corbatas de color gris.
Tiró por la ventana el despertador.
Se afeitó[38] el bigotito de color gris
y nunca, nunca más, volvió a tener
la mirada de color gris.

¿FIN?

Fernando Alonso (escritor español).

- [26] *il fit semblant de.* - [27] *mal de dents.* - [28] inf. sujetar : *attacher, fixer.* - [29] *même s'il le voulait.* - [30] *méritait qu'on lui donnât une chance.* - [31] la orquesta : *l'orchestre.* - [32] *mieux que jamais.* - [33] inf. contratar : *engager.* - [34] *la saison.* - [35] inf. perseguir : *poursuivre.* - [36] inf. hacer cola : *faire la queue.* - [37] inf. quemar : *brûler.* - [38] inf. afeitarse : *se raser.*

El pez de oro

En medio del océano había una isla donde se levantaba[1] una cabañita[2]. En ésta vivían un anciano y su mujer. Eran pobres, muy pobres : el marido sólo poseía[3] una red de pesca que diariamente[4] utilizaba ; él y su mujer se alimentaban de los peces que caían[5] en su red.

Un día, después de haber pescado largo tiempo, atrapó un pececito[6] de oro[7] que tenía voz[8] humana.

— Buen hombre — le dijo — échame[9] en el mar azul. Soy tan pequeño, concédeme la vida y te daré todo lo que me pidas.

El pescador se compadeció del[10] pececito y volvió[11] sin nada a la cabaña. Su mujer le preguntó :

— ¿Has cogido muchos peces?

— No — le dijo — he pescado todo el santo día y sólo he atrapado un pececillo de oro.

— ¿Dónde está? — dijo la mujer.

— En el mar — contestó el pescador ; me rogó tanto que tuviese piedad[12] de él que lo eché al agua.

La mujer estaba furibunda :

— ¡Imbécil! — le dijo — teniendo la fortuna en la mano has sido tan tonto[13] que lo has dejado escapar[14].

Tanto habló que el anciano, cansado[15] de reproches, corrió a la orilla del mar y, una vez allí, gritó[16] :

— ¡Pez de oro, pez de oro! ¡Vuelve a mí, la cola[17] en el mar, la cabeza vuelta hacia[18] mí!

El pez de oro se presentó inmediatamente y le dijo :

— ¿Qué quieres, anciano?

— Quiero pan para mi mujer que está muy enojada[19].

— Anda a tu casa, anciano, y hallarás[20] pan en abundancia — dijo el pez.

El anciano llegó a la cabaña.

— Y bien, mujer ¿tienes pan en abundancia?

— Sí — dijo la mujer — pero soy muy desgraciada[21]. He roto[22] mi batea[23], no sé dónde lavar mi ropa. Anda a buscar al pez de oro y dile que quiero una batea nueva.

El anciano fue[24] al borde del mar y gritó :

— ¡Pez de oro, pez de oro! ¡Vuelve a mí, la cola en el mar, la cabeza vuelta hacia mí!

El pez de oro llegó diciendo : — ¿Qué quieres anciano?

— Una batea nueva para mi mujer que no está contenta porque no puede lavar su ropa.

— Anda a la casa — le dijo el pez de oro — y allá encontrarás[25] una batea nueva.

El anciano ya en casa le dijo : — Y bien mujer, ¿has hallado una batea nueva?

— Sí — dijo la mujer — pero anda y dile al pez de oro que nuestra cabaña se está cayendo[26] a pedazos[27] y que necesito otra. El anciano volvió al borde del mar y gritó :

— ¡Pez de oro, pez de oro, vuelve a mí!

— ¿Qué quieres? — preguntó el pez.

— Una cabaña nueva para mi mujer que está de mal humor.

— ¡Muy bien, anda a casa y hallarás una cabaña nueva!

El anciano al llegar allá vio una cabaña nueva. Su mujer abrió la puerta y dijo :

— Imbécil, anda y dile al pez de oro que quiero ser archiduquesa y morar en[28] un bello castillo donde tenga muchos criados[29] que me hagan grandes reverencias.

El anciano volvió a la orilla del mar y cumplió el encargo[30].

— Está bien — le dijo el pez de oro — vuelve a casa; encontrarás todo eso.

Al llegar a casa el anciano se dio con[31] un castillo magnífico. Su mujer, vestida de oro y de plata, estaba en un trono y daba sus órdenes a una muchedumbre[32] de criados. Cuando se dio cuenta del anciano, dijo :

— ¿Quién es ese viejo, ese mendigo[33]? Y mandó que se le echara[34]. Pero pronto quiso ser emperatriz. Hizo, pues, venir al anciano y le dijo que fuera a buscar[35] al pez de oro y le dijera[36] :

— Mi mujer no quiere ser archiduquesa; quiere ser emperatriz.

El anciano obedeció[37], y el pez de oro le concedió también la satisfacción de este deseo.

Por fin la mala mujer quiso ser reina de las aguas y mandar a todos los peces. El anciano se dirigió a la orilla del mar, llamó al pez de oro y le dijo :

— Pez de oro, mi mujer jamás está contenta. Dice que le gustaría ser reina de las aguas y mandar a todos los peces.

— Oh, es demasiado[38] — dijo el pez de oro — ella no será nunca reina de las aguas, es demasiado mala, y estoy seguro de que todos los peces serían muy desgraciados bajo sus órdenes.

El pez desapareció, al decir estas palabras, y cuando el anciano llegó a casa, halló la vieja cabaña, la batea rota, la anciana mal vestida, y se vio obligado a coger de nuevo su red y ponerse a pescar. Pero por más que arrojó[39] su red al mar jamás volvió a hallar[40] al pez de oro.

Cuento popular.

[1]. inf. levantarse : *se dresser.* - [2] dim. de cabaña. - [3] inf. poseer : *posséder.* - [4] cada día. - [5] inf. caer : *tomber.* - [6] dim. de pez. - [7] el oro : *l'or* - [8] la voz : *la voix.* - [9] inf. echar : *jeter.* - [10] inf. compadecerse de : *avoir pitié de.* - [11] inf. volver : *revenir.* - [12] *il m'a tant supplié d'avoir pitié.* - [13] estúpido. - [14] *échapper.* - [15] *fatigué.* - [16] inf. gritar : *crier.* - [17] *la queue.* - [18] *tournée vers.* - [19] furiosa. - [20] inf. hallar : *trouver.* - [21] infeliz. - [22] inf. romper : *casser.* - [23] la batea : *ici, bac à laver, cuvette.* - [24] pretérito de ir. - [25] inf. encontrar : hallar. - [26] cayendo : gerundio de caer. - [27] *en morceaux.* - [28] vivir en. - [29] un criado : *un domestique.* - [30] inf. cumplir un encargo : *s'acquitter d'une commission.* - [31] inf. darse con : *ici, trouver.* - [32] *une foule.* - [33] el mendigo : *le mendiant.* - [34] *litt. elle commanda qu'on le renvoyât : elle le fit jeter dehors.* - [35] *elle lui dit d'aller chercher...* - [36] *et de lui dire...* - [37] inf. obedecer : *obéir.* - [38] *c'est trop.* - [39] *il eut beau jeter.* - [40] *jamais il ne retrouva.*

Mémento grammatical

L'ALPHABET

- Les lettres sont du genre féminin : la a, la b, etc.
  a b c ch d e f g h i j k l ll m n ñ o
  p q r s t u v x y z.
- Notez bien la place des lettres **ch, ll, ñ.** Il faudra vous la rappeler lorsque vous aurez à chercher dans le lexique ou dans un dictionnaire, des mots comprenant ces lettres.

LA PRONONCIATION

C'est en écoutant attentivement votre professeur ainsi que les enregistrements dont vous pouvez disposer, puis en vous exerçant en classe et chez vous, que vous parviendrez à bien prononcer.

Veillez tout particulièrement aux points suivants :

- la langue espagnole possède certains sons que le français ne possède pas : **r** (la erre), **j** (la jota), **z** (la zeta), **s** (la ese), etc.
- Ne confondez pas la prononciation du **c devant a, o, u** (cara, como, curso) et celle du **c devant e et i** (Cecilia).
- De même, ne confondez pas la prononciation du **g devant a, o, u** (gas, goma, gusto) et celle du **g devant e et i** (gesto, gitano).
- Ne prononcez pas le u dans les groupes **gue, gui** (qui se prononcent comme le français *« guerre »*, *« gui »*), **que, qui** (qui se prononcent comme le français *« qui »*).
- Attention à ne pas sonoriser le **s** (le s de rosa, par exemple, ne se prononce pas comme le français *« rose »*, mais comme *« brosse »*).
- Attention à ne pas nasaliser les groupes : **an, en, in, on,** etc.
- D'une manière générale, à l'exception du **h,** muet, et du **u** dans les groupes précédemment cités, toutes les lettres se prononcent en espagnol (exemple : significar).

L'ACCENTUATION

1. L'accent tonique

Tout mot espagnol de plus d'une syllabe comporte obligatoirement une syllabe tonique (ou accentuée), c'est-à-dire plus fortement articulée que les autres.

- Lorsque le mot se termine par une **voyelle,** un **s** ou un **n,** l'accent tonique porte sur la voyelle de **l'avant-dernière syllabe :** alumno, profesora, nombre, apellidos, viven, Carmen, Carlos.

- Lorsque le mot se termine par **une consonne autre que s et n,** l'accent tonique porte sur la voyelle de la **dernière syllabe :** profesor, hablar, español, nacionalidad.

- Lorsque l'accentuation d'un mot n'obéit pas à ces deux règles, **la voyelle tonique** est alors indiquée par **un accent écrit :** están, detrás, José, ángel, Ramón, matemáticas, inglés, kilómetro.

Cas particulier : la diphtongue.

Une diphtongue résulte de l'union :
— d'une **voyelle forte** (a, e, o) et d'une **voyelle faible** (i, u) ;
— de deux voyelles faibles.
Elle se prononce d'une seule émission de voix et ne compte, par conséquent, que pour une syllabe : puerta, abierta, tiene, aulas, comienza, puede, viuda, instruido.

Lorsque l'accent tonique porte sur une diphtongue, il se trouve naturellement sur la voyelle forte (ou la deuxième voyelle faible).

N.B. : deux voyelles fortes en contact ne constituent pas une diphtongue ; chacune compte pour une syllabe : Rafael, recreo, caer (Ra-fa-el, re-cre-o, ca-er).

Lorsqu'une voyelle faible, au contact d'une forte, porte un accent écrit, la diphtongue est alors brisée et l'on compte deux syllabes :

día - ríe - María - continúa ;
(dí-a, rí-e, Ma-rí-a, con-ti-nú-a).

2. L'accent grammatical

L'accent grammatical sert à distinguer deux mots différents qui ont la même prononciation :

el (article), **el** libro—**él** (pronom personnel), **él** canta ;
mi (adjectif possessif), **mi** casa—**mí** (pronom), a **mí** me gusta ;
solo (adjectif), está **solo**—**sólo** (adverbe), **sólo** bebe agua.

Les **mots interrogatifs** et **exclamatifs** portent toujours un accent écrit : **¿Dónde** está? - No sé **dónde** está - **¿Cómo** se llama? - Dime **cómo** se llama.

LES MODIFICATIONS ORTHOGRAPHIQUES

Ajouter un suffixe ou une terminaison à un mot ne doit pas changer sa prononciation. Il faut donc parfois **modifier l'orthographe** afin de garder la prononciation initiale.

Exemple :
coger, cojo (1re personne du singulier du présent de l'indicatif) - amigo, amiguito - rico, riquísimo - hacer, hizo (3e personne du singulier du passé simple) - seguir, sigo (1re personne du présent de l'indicatif).

L'APOCOPE

Certains adjectifs **perdent leur voyelle finale ou leur dernière syllabe** lorsqu'ils sont placés devant le nom qu'ils déterminent :

- Perte de la voyelle **-o : bueno - malo - alguno - ninguno - primero - tercero.**
  « ¿Qué desea, **buen** hombre? » (p. 83).
  « ...el **primer** éxodo de viajeros... » (p. 126).
  « Es usted un fantasma de **tercer** orden... » (p. 130).

- Perte de la voyelle **-a : cualquiera** → cualquier.
  « ...la gente que puede sentir, en **cualquier** momento, la necesidad... » (p. 141).

- Perte de **-de : grande** → gran.
  « Este joven tiene un **gran** porvenir. » (p. 119).

Pour l'apocope de **uno** et **ciento** (cf. la numération, p. 165).

L'apocope n'a pas lieu si l'adjectif se trouve placé après le nom ou s'il est employé seul :

un niño **bueno,** un día **malo.**
« Era una fiesta mirar los escaparates y se podía pasar mucho tiempo delante de **uno.** » (p. 74).

LE GENRE ET LE NOMBRE

1. Le masculin et le féminin

- Les **adjectifs** et les **participes** qui se terminent par **-o** au **masculin** changent le **-o** en **-a** au **féminin :** bello, bella - cansado, cansada.
  Font aussi leur féminin en **-a :**
  — les adjectifs de **nationalité :** español, española - francés, francesa ;
  — les adjectifs en **-án, -ín, -ón, -or, ete, -ote :** holgazán, holgazana - parlanchín, parlanchina - trabajador, trabajadora.
  Sauf : mayor, menor, mejor, peor, superior, inferior, exterior, interior, anterior, ulterior, qui sont **invariables.**

- Les autres adjectifs et participes ont la même forme au masculin et au féminin : **el coche verde, la hoja verde - un hombre joven, una mujer joven.**

- Les **noms en -or** sont masculins sauf : la labor, la flor, la coliflor et la sor.

- Les noms de **lieux géographiques** (fleuves, mers, montagnes) sont masculins : el Mediterráneo, el Guadalquivir, el Pirineo, los Andes.

2. Le pluriel

- Les mots qui se terminent par une **voyelle** prennent un **-s** au pluriel :
  el niño, los niños - la mesa, las mesas - la tarde, las tardes.

- Les mots qui se terminent par une **consonne** (ou un **y**) prennent **-es :** el profesor, los profesores - el árbol, los árboles - el rey, los reyes.

- Les mots qui se terminent par **-s** au singulier sont invariables lorsque leur dernière syllabe n'est pas accentuée : el jueves, los jueves.

- En revanche, les mots d'une syllabe et ceux dont la dernière syllabe est accentuée prennent **-es** au pluriel : el mes, los meses - francés, franceses.

LA NUMÉRATION

I. Les adjectifs numéraux cardinaux

0	cero.	**29**	veintinueve.
1	uno.	**30**	treinta.
2	dos.	**31**	treinta y uno.
3	tres.	**32**	treinta y dos.
4	cuatro.	etc.	
5	cinco.	**40**	cuarenta.
6	seis.	**50**	cincuenta.
7	siete.	**60**	sesenta.
8	ocho.	**70**	setenta.
9	nueve.	**80**	ochenta.
10	diez.	**90**	noventa.
11	once.	**100**	ciento, cien.
12	doce.	**101**	ciento uno.
13	trece.	**102**	ciento dos.
14	catorce.	etc.	
15	quince.	**200**	doscientos, -as.
16	dieciséis o diez y seis.	**300**	trescientos, -as.
17	diecisiete o diez y siete.	**400**	cuatrocientos, -as.
18	dieciocho o diez y ocho.	**500**	quinientos, -as.
19	diecinueve o diez y nueve.	**600**	seiscientos, -as.
20	veinte.	**700**	setecientos, -as.
21	veintiuno.	**800**	ochocientos, -as.
22	veintidós.	**900**	novecientos, -as.
23	veintitrés.	**1 000**	mil.
24	veinticuatro.	**2 000**	dos mil.
25	veinticinco.	**100 000**	cien mil.
26	veintiséis.	**1 000 000**	un millón.
27	veintisiete.	**un milliard**	mil millones.
28	veintiocho.		

- On emploie obligatoirement la conjonction **y** entre les dizaines et les unités : treinta y seis, ochenta y nueve. En revanche, on ne l'emploie pas entre les centaines et les dizaines ni entre les centaines et les unités : ciento veinte, ciento uno.

- Devant un nom masculin, **uno s'apocope en un : un** chico, **veintiún** chicos, treinta y **un** alumnos.
Devant un nom féminin, on emploie una : veintiuna chicas, treinta y una alumnas.

- **Ciento s'apocope en cien** devant un nom ou devant un nombre qu'il multiplie : **cien** libros - **cien** mil pesetas - **cien** millones de habitantes - « ...**cien** artistas transeúntes pintan... en las aceras de Madrid. » (p. 88).

- Attention à l'accord en genre des centaines : **doscientos hombres,** mais **doscientas mujeres.**

- Le mot **mil** est invariable lorsqu'il est employé comme numéral : « Cerca de cien **mil** lámparas iluminarán la navidad madrileña... » (p. 75).

2. Les adjectifs numéraux ordinaux

primero	quinto	noveno
segundo	sexto	décimo
tercero	séptimo	
cuarto	octavo	

- A partir de 11 inclus, on emploie généralement le nombre cardinal : Carlos V (quinto), Felipe II (segundo), mais Alfonso XII (doce), el siglo veinte.

- Attention à **l'apocope de primero** et de **tercero** devant un nom masculin : el **primer** libro, el **tercer** dibujo.

LES SUFFIXES

La langue espagnole utilise beaucoup de suffixes. Ce n'est que progressivement que vous vous familiariserez avec leur emploi et que vous en saisirez toutes les nuances. Apprenez pour l'instant à identifier les formes et les valeurs les plus fréquentes. Sachez retrouver le mot sur lequel le diminutif est construit : negrito (negro), carita (cara), gitanillo (gitano).

1. Les diminutifs

- **-ito, -illo pour les mots de plusieurs syllabes terminés par -a, -o ou une consonne (sauf n et r) :**
  « ...una car**ita** (cara) un poco de gata... » (p. 33) ;
  « ...una mes**ita** (mesa) baja... » (p. 60) ;
  « ...un negr**ito** (negro) de quince años... » (p. 87) ;
  Gabriel**illo** (Gabriel) (p. 34).

- **-cito, -cillo pour les mots de plusieurs syllabes terminés par -e, -n, -r :**
  una cancion**cita** (canción) ;
  una mujer**cita** (mujer).

- **-ecito, -ecillo pour les mots d'une syllabe et les mots qui renferment une diphtongue tonique :**
  la flor**ecita** (flor) ;
  una piedr**ecita** (piedra).

Remarque : le suffixe diminutif **-ito** prend souvent une valeur affective. La personne qui l'emploie marque alors son attachement, son goût, sa sympathie, etc. pour la personne ou la chose dont il est question :
« ...mi cocid**ito** y media de tinto. » (p. 54) ;
« ...sol**ita** la dejó... » (p. 110).

2. Les augmentatifs et les péjoratifs

- **-ón, -ona** : « ...la cabeza orej**ona**... » (p. 87) *(aux grandes oreilles).*

- **-azo, -aza** : las man**azas** *(les grosses mains).*

Ces suffixes sont à manier avec une grande prudence. N'hésitez pas à vérifier dans un dictionnaire.

3. Autres suffixes

- Les suffixes **-al, -ar** peuvent former des noms qui désignent un lieu dans lequel poussent certains arbres ou certains végétaux :
  oliv**ar** (olivo) (p. 108) = *oliveraie ;*
  maiz**ales** (maíz) (p. 137) = *champs de maïs.*

- Les suffixes **-ada** et **-azo** équivalent à « un coup de » :
  una puñal**ada** (puñal) = *un coup de poignard ;*
  cod**azos** (codo) (p. 54) = *des coups de coude.*

LES ADVERBES EN « -mente »

- Pour les former on met d'abord **l'adjectif au féminin,** puis on ajoute la terminaison **-mente :**
  orgulloso → **orgullosamente** - lento → **lentamente** - violento → **violentamente.**

- *Attention :* certains adjectifs ont la même forme au masculin et au féminin.
  Exemple :
  indudable → indudablemente ;
  feliz → felizmente ;
  fácil → fácilmente.

- **Recientemente** s'apocope en **recién** devant un participe passé :
  « Buenas noches — dijo el **recién** llegado. » (p. 70).

L'ARTICLE DÉFINI

	masc.	fém.
sing.	**el**	**la**
plur.	**los**	**las**

article neutre : **lo**

- Attention aux formes contractées **al** (a + el) et **del** (de + el) :
  voy **al** cole ;
  vengo **del** pueblo.

- L'article **la** est remplacé par **el devant un nom féminin commençant par -a (ou ha) tonique :**

  el agua clara. Mais on dit : **la** alameda (**a** est ici non accentué).

- L'article défini masculin pluriel peut indiquer **la périodicité,** c'est-à-dire la répétition d'une action à des moments précis :

  « **Los** lunes, llega a las nueve y media de la mañana... » (p. 24).

  Il peut aussi indiquer **l'âge :** se fue de casa a **los** veinte años.

Omission de l'article défini

Il ne faut pas employer l'article défini :

— devant **casa,** lorsque le mot signifie *« chez » :* voy **a casa** de Juan ; devant **caza, pesca,** dans les équivalents des expressions françaises : *aller à la chasse, à la pêche :* ir **de caza, de pesca ;** mais on dit **la pesca del atún** (p. 135) car il y a une particularisation.

— devant un superlatif qui suit un nom déjà déterminé :

el chico **más** trabajador ;

« ...recuerdan el pasado seis de marzo como uno de los días **más** felices de su vida... » (p. 101).

L'ARTICLE NEUTRE LO

On ne peut pas l'employer devant un nom.

- **Lo + adjectif ou participe passé** a le sens de : *ce qu'il y a de..., ce qui est... :*

  lo cómico de esta situación...

  « Ya las tardes
  son **lo mejor** del día. » (p. 41).

- **Lo + adjectif ou participe passé + que + verbe** = *combien, comme :*

  no puedes imaginarte **lo simpático que es** (= *comme il est sympathique*).

- **Lo que** = *ce que, ce qui...*

  Lo que me gusta en este cuadro es...

- **Lo... todo. Lo** doit accompagner **todo** lorsque todo est **complément d'objet direct :**

  « **Lo** mira **todo,** extrañada. » (p. 47).

N.B. : attention à **lo contrario :** *le contraire.*

L'ARTICLE INDÉFINI

	masc.	fém.
sing.	**un**	**una**
plur.	**unos**	**unas**

- En général, on n'emploie pas l'article indéfini pluriel.
  On dit : como una aceituna, mais como **aceitunas** *(je mange des olives).*

- De même l'espagnol ne rend pas les expressions partitives françaises *« du », « de la », « des » :*

  compro **leche y harina** *(j'achète du lait et de la farine) ;*
  (El gitanillo) « Pide **agua**... » (p. 34).

- Toutefois, on emploie l'article indéfini pluriel pour exprimer **une approximation** (il a alors le sens de « à peu près ») :

  « Parece muy joven, de **unos** veinticinco años cuanto más... » (p. 33) ;
  « **Unas** diez mil pesetas, o tal vez más. » (p. 70).

  On l'emploie aussi **en début de phrase,** devant un nom pluriel sujet :

  Unos cazadores van por el campo.

  Et avec le sens de **algunos** *(quelques) :*

  « Ofrecen **unos** minutos de entretenimiento a cambio de unas monedas. » (p. 88).

- *Attention :* on ne doit pas employer l'article indéfini devant **otro :**

  tiene **otra** hermana ;
  « ...cada vez que un payaso pegaba a **otro**... » (p. 97).

LES POSSESSIFS

Formes atones	Formes accentuées
mi, mis	**mío, a, os, as**
tu, tus	**tuyo, a, os, as**
su, sus	**suyo, a, os, as**
nuestro, a, os, as	
vuestro, a, os, as	

- Les **formes atones** se placent **avant le nom : mi** libro, **vuestro** coche. Les **formes accentuées** se placent **après le nom :**

  « ¿No es una broma **tuya** ? » (p. 130).

  Ces formes peuvent être attribut et employées avec le verbe **ser :**

  « De la empresa eran ocho mil (pesetas). El resto era **mío.** » (p. 70).

Attention : les formes de la 3ᵉ personne (su, sus, suyo...) s'emploient au singulier et au pluriel :

su hijo : *son fils ou leur fils.*

- Très souvent l'espagnol utilise un pronom réfléchi suivi d'un article à la place d'un adjectif possessif :

  se pone la chaqueta = *il met sa veste ;*
  se mira las manos = *il regarde ses mains.*

- La possession s'exprime avec la préposition **de :**

  « ...las redes son **del** amo... » *(au maître)* (p. 135) ;
  « Dinero. Que no era mío, sino **de** mi empresa. » *(à mon entreprise)* (p. 70).

Attention : il est à noter qu'en espagnol on utilise un possessif différent selon que l'on s'adresse à des personnes tutoyées ou à des personnes vouvoyées :

muchachos, ¿dónde está vuestra casa? (à plusieurs personnes tutoyées) ;
señor, ¿dónde está su casa? (à une personne vouvoyée).

- Le pronom possessif est constitué par la forme accentuée précédée de l'article défini :

«...bebo con **los míos** en la taberna.» (p. 115) ;
«Sentí tu mano en **la mía**...» (p. 123) ;
«...ellos cuentan sus cosas y nosotros **las nuestras**...» (p. 148).

LES DÉMONSTRATIFS

este	esta	ese	esa	aquel	aquella
estos	estas	esos	esas	aquellos	aquellas

Comme leur nom l'indique, les démonstratifs servent à **montrer.** Ils définissent, par rapport à une personne, la situation d'êtres ou de choses dans l'espace et dans le temps.

- Les démonstratifs de la **première série** (este, etc.) correspondent à **la première personne (yo),** au lieu dans lequel se trouve celui qui parle **(aquí),** au temps présent **(ahora) :**

«...deseo que **estas** líneas te encuentren bien...» (p. 98) ;
«Una postal, por favor. De **esta** zona, si hay.» (p. 64) ;
«¿Qué broma es **ésta,** Ricardo?» (p. 130) ;
«**Éstos** tiempos de crisis que corren...» (p. 88) ;
«...**esta** noche es Nochebuena...» (p. 76).

- Les démonstratifs de la **deuxième série** correspondent à **la deuxième personne (tú).** Ils traduisent aussi un **degré d'éloignement relatif** dans l'espace et dans le temps :

«Déjate ahora **esos** prejuicios.» (p. 115) ;
«...su hogar y su vida están allí en el hotel, en **esa** fábrica que no para, en **esa** colmena que no descansa, en **esa** casa...» (p. 141) ;
«Allí se apea ; **ese** número no debe de caer lejos.» (p. 83) ;
«**Esa** tarde, la Decidida andaba un poco fastidiada.» (p. 76).

- Les démonstratifs de la **troisième série** correspondent à **la troisième personne.** Ils désignent aussi ce qui est éloigné dans l'espace ou dans le temps :

«...es de **aquel** chico...» (la bicicleta) (p. 91) ;
«...**aquella** horrible noche, hubo un momento de extraña calma.» (p. 138).

Il existe donc des rapports étroits entre démonstratifs d'une part, et pronoms personnels, adverbes de lieu, adverbes de temps ou compléments circonstanciels d'autre part.

Attention : les pronoms démonstratifs portent un accent grammatical (éste, ése, aquél, etc.) qui les distingue des adjectifs démonstratifs :

«...¿le dejas dar una vuelta a **éste?**» (p. 91).

- Attention aux formes neutres : **esto, eso, aquello.** Elles sont invariables et ne portent pas d'accent écrit.

«...por **eso** vinimos a Buenos Aires...» (p. 98).

LE COMPARATIF

- Le comparatif de **supériorité : más... que :**
  Pedro es **más** alto **que** Juan ;
  « ...la tempestad volvió **más** espantosa **que** al principio... » (p. 138).

- Le comparatif d'**infériorité : menos... que :**
  es **menos** amable **que** su hermano.

Attention à certains adjectifs qui ont un comparatif particulier :
grande, **mayor** (plus grand) - pequeño, **menor** (plus petit) - bueno, **mejor** (meilleur, mieux) - malo, **peor** (pire).

- Le comparatif d'**égalité : tanto... como :**
  « ...hay varios lugares en España, **tanto** en la Península **como** en las islas, que tienen casi garantizado un clima soleado... » (p. 126).

  Tanto s'apocope en **tan** devant un adjectif ou un adverbe :
  María es **tan** hermosa **como** Carmen.

Notez :
cada vez más : de plus en plus ;
cada vez menos : de moins en moins.

LE SUPERLATIF

1. Absolu *(très)*

Il se forme :
— soit en employant **muy** devant l'adjectif : es **muy** alta ;
— soit en ajoutant le suffixe **-ísimo, a, os, as** à la fin de l'adjectif : es **altísima.**
« ...los curiosos se agrupan en torno a **velocísimos** (muy veloces) retratistas... » (p. 88).

Attention : la forme **-ísimo** n'est pas toujours possible.

2. Relatif

El más, el menos, etc.
« Era **el más** feliz de los fantasmas. » (p. 130).

Attention :
« ...recuerdan el pasado seis de marzo como uno de **los días más felices** de su vida... » (p. 101) ;
« Salen a **la carretera más animada** de España... » (p. 141).
Lorsque le substantif est déjà déterminé par un article défini ou un possessif, on ne met pas l'article défini devant le superlatif.

LES INDÉFINIS

algo : *quelque chose.*
alguien : *quelqu'un.*
alguno, a, os, as : *quelque, s.*

nada : *rien.*
nadie : *personne.*
ninguno, a, os, as : *aucun, e.*

« ¿ **Algo** serio ? » (p. 143) ;
« ...no comerá **nada**... » (p. 60) ;
« ¿Es que **nadie** te ha enseñado a comer como una persona? » (p. 56).

- **Alguno et ninguno s'apocopent en algún et ningún** devant un nom masculin singulier :
  « **Algún** día nos reconoceremos... » (p. 73) ;
  no veo **ningún** taxi.

- Les quantitatifs :
  poco, a, os, as : *peu de ;*
  bastante, s : *assez de ;*
  demasiado, a, os, as : *trop de ;*
  mucho, a, os, as : *beaucoup de.*
  Ces quantitatifs peuvent aussi être employés comme **adverbes.** Ils sont alors **invariables :**
  « Irene intenta imitarla, pero lo hace **bastante** (adverbe) mal. » (p. 56) ;
  « El estudio detallado de este cuerpo de artistas itinerantes depara **bastantes** (adjectif) sorpresas. » (p. 88).

Attention : **otro, a** ne doit pas être précédé de l'article indéfini :
dame **otro** café ;
lee **otra** página.

- todo, a, os, as = *tout, toute, tous, toutes.* Lorsque **todo** est **complément d'objet direct,** il se construit avec **lo :**
  lo miramos **todo** (ou **todo lo** miramos).

- **Cada :** chaque, est **invariable :**
  cada hombre, **cada** mujer.

- **Ambos, as :** tous deux, toutes deux :
  « **Ambos** también siguen jugando a la primitiva... » (p. 101).

LES PRONOMS PERSONNELS

Sujets	Sans préposition – Compléments directs	Sans préposition – Compléments indirects	Sans préposition – Compléments réfléchis	Avec préposition – Compléments réfléchis	Avec préposition – Compléments non réfléchis	Formes spéciales
yo	me	me	me	mí	mí	conmigo
tú	te	te	te	ti	ti	contigo
Usted, él, ella	le, lo, la	le	se	sí	Usted, él, ella	consigo (réfléchi)
nosotros, as	nos	nos	nos	nosotros, as	nosotros, as	—
vosotros, as	os	os	os	vosotros, as	vosotros, as	—
Ustedes, ellos, ellas	los, les, las	les	se	sí	Ustedes, ellos, ellas	consigo (réfléchi)

Forme de politesse et tutoiement

En espagnol, la personne utilisée pour le vouvoiement n'est pas la 2ᵉ personne du pluriel comme en français.

On utilise :
— la **3ᵉ personne du singulier** pour s'adresser à une personne que l'on **vouvoie.** Ainsi, on dira :
  (usted) es español.

— la **3ᵉ personne du pluriel** pour s'adresser à plusieurs personnes que l'on **vouvoie** :
  (ustedes) son españoles.

— En revanche, on utilise la **2ᵉ personne du pluriel** pour s'adresser à plusieurs personnes que l'on **tutoie :**
  (vosotros) sois españoles.

— Il en va de même pour l'emploi des pronoms personnels compléments. On dira :
  le invito a **usted** (à une personne vouvoyée) ;
  les invito a **ustedes** (à plusieurs personnes vouvoyées) ;
  os invito a **vosotros** (à plusieurs personnes tutoyées).

Les pronoms personnels sujets

En général, le pronom personnel sujet n'est pas exprimé devant le verbe; lorsque toutes les terminaisons sont différentes, aucune confusion de personne n'est possible.
Toutefois, on pourra employer le pronom personnel sujet :
— **pour insister :**
  « ¿Quién soy **yo?** **Yo** me llamo don Joaquín... » (p. 130).

— ou **pour éviter une confusion** possible entre deux formes verbales semblables :
  yo cantaba, **él** cantaba ;
  yo estudiaría, **él** estudiaría.

Les pronoms compléments directs

On emploie :
— pour les personnes :
  masculin singulier : **le, lo.**
  « Don Joaquín se detiene un momento en el umbral ; **le** acompaña un criado » (p. 48) ;
  « Había que salvar a aquel hombre y salvar**lo** inmediatamente. (p. 138).
  masculin pluriel : **los, les.**
  féminin : **la, las.**
  « ¡Su pastor **la** ha abandonado ! » (p. 110).

— pour les choses :
  masculin : **lo, los.**
  « El número **lo** he elegido yo misma. » (p. 100)
  féminin : **la, las.**
  « Cuento yo mis aventuras... pero **las** he contado tantas veces... » (p. 137).

N.B. : Le pronom indirect de troisième personne est **le, les** dans tous les cas :

le doy un libro (a este chico) ;
le doy un libro (a esta chica).

Il ne faut pas confondre **consigo** et **con él :**

mi hermano me lleva **consigo** al cine. Voy **con él.**

La **forme réfléchie (consigo)** représente la même personne que le sujet du verbe, alors que dans **con él,** le pronom représente une personne différente du sujet du verbe.

La place du pronom personnel

L'enclise : le pronom personnel se place avant le verbe **sauf à l'infinitif, à l'impératif et au gérondif,** où il est **enclitique,** c'est-à-dire où il se soude à la fin du verbe :

« Voy a **sacarlo** del sobre... » (p. 100) ;
« ...**tráeme** mis judías... » (p. 54) ;
« ...recibiendo el dinero y **dándole** el vuelto (a Luis). » (p. 64).

Attention : l'enclise peut rendre obligatoire la présence d'un accent écrit (cf. l'accentuation, p. 163) :

Adivínalo. (p. 100) - **Siéntese...** (p. 48) - súbitamente **ocultándola** (p. 87).

- En espagnol, le pronom complément indirect précède toujours le pronom complément direct :

  dímelo (dis-le-moi).

- Lorsque deux pronoms de la 3e personne se suivent, les pronoms compléments indirects **(le, les)** prennent la forme **se :**

  « Acabó por sacar el billetero y **se lo** tendió al joven. » (p. 70) ;
  — « ¿No es una broma tuya?
  — **Se lo** juro. » (= *je vous le jure*) (p. 130).

- L'espagnol utilise souvent un pronom complément indirect qui annonce (ou bien reprend) le complément précédé de la préposition « a » :

  « ¿Qué coche tiene usted? - **le** pregunta José González **a** Tony. » (p. 143).

LES ÉQUIVALENTS DE « ON »

Le pronom français *« on »* peut avoir des sens nettement différents.

Par exemple :

« En été on mange des glaces avec plaisir. »
(On = beaucoup de gens, presque tout le monde.)
« On m'a dit que Pierre était malade. »
(On = groupe beaucoup plus restreint, une ou quelques personnes m'ont dit que Pierre était malade.)

Comme l'espagnol n'a pas d'équivalent strict, unique, du pronom indéfini *« on »*, il faut recourir à différentes tournures pour en exprimer les diverses valeurs.

3e personne du pluriel

Elle présente un **fait singulier,** accidentel. La 3e personne du pluriel peut aussi correspondre à un **sujet collectif, indéterminé :**

« **Empezaron** a izar a bordo a aquel hombre... » (p. 138) ;
« En el parque **estaban** adornando los abetos... » (p. 74) ;
« **Me han dicho** que el tren va siempre lleno... » (p. 145).

SE + 3^{e} personne

Elle présente un **fait d'ordre général :**

« Juana, **se come** con la boca cerrada... » (p. 56) ;
« ...**se ha visto llover** de nuevo, **se ha arado** de nuevo, **se ha sembrado** de nuevo. » (p. 111).

Attention :

— le verbe s'accorde avec le substantif dont il dépend si celui-ci ne représente pas une personne :

se venden bebidas frescas ;
« ...**se pueden visitar los lugares** más bellos de México... » (p. 142) ;

— si le substantif dont dépend le verbe est une personne, le verbe reste au singulier et on fait précéder le substantif de la préposition « a » :

en la foto **se ve a tres mujeres.**

1re personne du pluriel

« Es tremendo, hijo, el aislamiento en que **vivimos** los viejos... » (p. 148) ;
« Tendrá que ser una botella, porque en vasos no lo **servimos.** » (p. 115).

Uno, una + 3^{e} personne du singulier

Lorsque celui ou celle qui parle s'implique directement dans ce qu'il dit :

uno no hace siempre todo lo que le gusta.

LES PRONOMS RELATIFS

- **Que** a pour antécédent une personne (avec fonction de sujet) ou une chose (avec fonction de sujet ou complément d'objet) :

« ...oímos la voz de un hombre **que** llamaba... » (p. 138) ;
« Estos tiempos de crisis **que** corren son... también tiempos de cultura... » (p. 88) ;
« ...veo una máquina **que** no conozco. » (p. 119).

- **Quien, quienes** ne peut avoir pour antécédent que des personnes. Il est :

— complément d'objet direct :

el chico a **quien** miras es mi mejor amigo ;

— ou complément d'objet indirect; il est alors précédé d'une préposition (a quien, con quien, etc.) :
la mujer **con quien** hablas es mi vecina.

- **El cual, la cual, los cuales, las cuales- el que, la que, los que, las que** sont les équivalents de lequel, laquelle, lesquels, etc.; ils s'emploient pour les personnes et pour les choses :
  es el chico **con el cual** trabajo;
  «...las estaciones en **las que** el tren deja o recoge pasajeros...» (p. 145).

Les équivalents de « dont »

- **Cuyo, a, os, as,** quand *« dont »* est complément de nom. Ce pronom relatif traduit un rapport d'appartenance entre deux noms. Il est l'équivalent de **dont le, dont la, dont les :**
  vivo en un piso cuyas ventanas dan al parque.

- **De quien, de quienes, de que, del que, de la que, del cual,** etc., lorsque « dont » est complément d'un verbe :
  la chica **de quien (de la que)** te hablé es mi prima.

Les équivalents de « où »

En français *« où »* est à la fois spatial et temporel. En espagnol, on rendra ce pronom relatif :
— par **donde** ou **en que** quand il s'agit d'une notion de lieu :
«...quiero... morar en un castillo **donde** tenga muchos criados...» (p. 161);
— par **cuando** ou **en que** lorsqu'il s'agit d'une notion de temps :
1982 fue el año **en que** se celebró el Mundial en España.

LES ÉQUIVALENTS DE « C'EST »

- *« C'est »* impersonnel n'existe pas en espagnol. Pour rendre *« c'est moi », « c'est toi », « c'est lui »,* etc., on fait l'accord avec la personne :
  soy yo *(c'est moi),* **eres tú** *(c'est toi),* **es él** *(c'est lui),* **es usted** *(c'est vous),* **somos nosotros** *(c'est nous),* etc.

- *« C'est... qui » :* **ser... quien, quienes,** pour les **personnes; ser... el que, la que, los que, las que** pour les **personnes** et les **choses :**
  eres tú **quien** me lo dices;
  «...yo soy **el que** no puedo ver a ustedes.» (p. 48).

SER ET ESTAR

Le verbe **ser** exprime ce qui est **essentiel,** ce qui **définit la nature** des êtres et des choses. Il présente **une définition,** une qualité, une caractéristique, etc. On l'emploie :

- avec **un nom, un pronom, un numéral, un indéfini :**
  «No **es** un loro. **Es** una cotorra.» (p. 47); «**Son** periodistas, abogados, economistas...» (p. 88); «Ya en Lúzaro nadie quiere **ser** marino...» (p. 137); **soy** yo; **somos** veinte; no **es** nada.

- pour exprimer **l'heure :**
  son las cinco.

- pour indiquer **l'origine, la nationalité :**
  « **Soy** de París. » (p. 148) ;
  « Mi madre **era** española. » (p. 148).

- avec un **adjectif** qui exprime un **caractère essentiel,** qui donne une définition du sujet :
  « El tío **era** rubio... » (p. 138) ;
  « Su castellano **es** perfecto. » (p. 148) ;
  « La película **era** buena... » (p. 98).

- dans les tournures *« c'est... qui », « c'est... que »* ou autres tournures impersonnelles :
  « ...yo **soy** el que no puedo ver a ustedes. » (p. 48) ;
  « ¿Es posible que no **sea** usted un fantasma de verdad? » (p. 130).

- dans la tournure passive **ser + participe passé** qui envisage l'action dans son déroulement :
  « ...estas ciudades... que a veces **son levantadas** en pocos días. » (p. 86).

Le verbe **estar** exprime l'idée de **se trouver dans un lieu, dans un temps, dans un état, dans une situation.** On l'emploie :

- avec un adverbe de lieu ou de temps, **un complément circonstanciel de lieu ou de temps,** pour exprimer **un état :**
  « Allá **está** la aldea tranquila donde vivo... » (p. 137) ;
  « ...el trigo **está** en el sembrado... » (p. 106) ;
  « La tierra **estaba** cerca. » (p. 138) ;
  « ...su padre **estaba** a su lado... » (p. 95) ;
  estamos en diciembre ;
  « ...**estaría** todo él en movimiento. » (p. 129).

- avec un **adjectif** qui exprime une **situation accidentelle,** un **état particulier,** le **résultat** d'une **transformation :**
  « Julius **estaba** desconcertado... » (p. 87) ;
  « **Estaba** el mar vacío... » (p. 135) ;
  « Rafael **estaba** como loco de contento. » (p. 97) ;
  « ...este campo **está** fijo... » (p. 129).

- avec un **participe passé,** pour exprimer **le résultat d'une action :**
  el juguete **está roto** (= *le jouet est brisé,* résultat de l'action qui a consisté à le briser).

LES ÉQUIVALENTS DE « DEVENIR »

L'espagnol ne possède pas le verbe « devenir » et exprime les différentes valeurs du verbe français (transformation essentielle ou accidentelle) par diverses tournures :

- **hacerse** exprime une **transformation progressive** avec souvent une nuance de **changement voulu :**
  « ...los muchachos de familias acomodadas **se hacen** ingenieros o médicos. » (p. 137).

- **volverse** exprime une **transformation essentielle :**
  « ¿**Se han vuelto** locos? » (p. 121) ;
  ya **se ha vuelto** un hombre.

- **ponerse** exprime un **changement passager :**
  « ...el corazón **se pone** triste contemplando la ciudad... » (p. 124).

LA VALEUR DES MODES

L'indicatif est le mode du **réel,** du **certain.**
Le subjonctif est le mode de l'**éventuel,** de l'**hypothétique.**

Parfois on ne peut utiliser que l'un ou l'autre de ces deux modes ; par exemple, après un verbe d'ordre, de défense, etc., c'est le mode subjonctif et lui seul qu'il convient d'employer.

Parfois, on peut utiliser l'un ou l'autre, selon que l'on envisage la chose dont on parle comme réelle ou hypothétique.

Examinons le cas de l'expression de la concession et de la condition.

La concession

- C'est l'**indicatif** que l'on utilise après **« aunque » si le fait envisagé est réel, certain :**
  « ...desde pequeña me gustaba cantar, **aunque** en serio sólo lo **hago** desde hace cuatro años. » (= *bien que je ne le fasse que depuis quatre ans :* il s'agit d'un fait réel) (p. 89).

- En revanche, c'est le **subjonctif** que l'on emploie après **« aunque » si le fait est envisagé comme hypothétique,** comme pouvant se réaliser ou non :
  mañana saldré **aunque llueva** (= *même s'il pleut :* je ne sais pas s'il pleuvra).

La condition

On l'exprime par :

- **si + présent de l'indicatif** (dans la subordonnée) et le **futur** dans la principale si le fait envisagé **peut se réaliser :**
  « ¡Ay, madre, **me casaré,**
  si quiere el mar, en otoño! » (p. 135).

- En revanche, on emploie **si + imparfait du subjonctif** (dans la subordonnée) et le **conditionnel** dans la principale si le fait envisagé **ne peut pas se réaliser ou est très improbable :**
  « **Si** este campo verde **fuera**
  de pronto el mar, **estaría**
  todo él en movimiento. » (p. 129).

  Comparons encore :
  Si tengo tiempo, **iré** a verte (il est possible que j'aie le temps) ;
  si tuviera tiempo, **iría** a verte (je n'ai pas le temps).

L'EMPLOI DU PASSÉ SIMPLE ET DU PASSÉ COMPOSÉ

- Le passé simple (ou prétérit) est un temps très employé en espagnol et il importe de bien distinguer son emploi de celui du passé composé.

- C'est le **prétérit** qu'il faut employer lorsque l'action exprimée par le verbe a eu lieu à un **moment déterminé du passé** et qui ne conserve plus **aucun lien avec le présent :**

  « **Anoche fuimos** a los títeres de Podrecca... » (« anoche » appartient au passé et s'oppose à « hoy », présent) (p. 98) ;
  « ...**aquella** horrible noche **hubo** un momento de extraña calma. » (p. 138).

- En revanche, on emploie **le passé composé** lorsque l'action s'est effectuée :
  — soit à **un moment immédiatement antérieur** au moment présent :
  « Como de costumbre **se ha levantado** a las cinco de la mañana... » (p. 86).
  — soit à un **moment indéterminé du passé** et qui conserve **des liens avec le moment présent :**
  « pero las **he contado** tantas veces (las aventuras) que mi mujer me reprocha un poco burlonamente que las **repito** demasiado. » (p. 137).

La différence entre les deux temps apparaît clairement dans l'exemple suivant :

« Algo **sucedió,** que no **he olvidado** y creo que nunca olvidaré. » (p. 138).

L'action exprimée par ce prétérit est nettement située dans un passé révolu. En revanche, le passé composé indique clairement que l'auteur s'est souvenu (passé) et se souvient encore (présent) de ce qui s'est produit.

LE FUTUR DE CONJECTURE

Le futur peut en espagnol, exprimer **une hypothèse,** une **forte probabilité.** Il est alors synonyme de deber de + infinitif :

« Usté **traerá** documentación. » (p. 70) ; « —**Será** peste— dijo el Juez. » (p. 117).

LES EMPLOIS DU SUBJONCTIF

On emploie le subjonctif :

- après un **verbe** qui exprime **la volonté, le souhait, le désir :**
  « ¿Quieres que te **lleve?** » (p. 91) ; « Queremos que usted **constate** el abuso, doctorcito. » (p. 117) ; « ...deseo que estas líneas te **encuentren** bien... » (p. 98).

- après un **verbe de demande, d'ordre, de prière, de conseil, d'interdiction :**
  « ...piden al camarero que les **sirva.** » (p. 54) ; « Le ruego nos **disculpe,** señor... » (p. 146) ; « ¿Me permite que **escriba** dos líneas acá dentro? » (p. 64) ; « ...le indica que **espere** a la sombra... » (p. 143).

- après **para que** (but) :
  « El agente levanta la voz para que le **oiga...** » (p. 83) ;
  « ...rece usted para que no **pierda** el avión. » (p. 143).

- après **como si (como si + imparfait du subjonctif) :**
  « En 1992 la ciudad entera estará preparada como si de un inmenso estadio **se tratara** ... » (p. 104) ; « Cada vez que se acercaba Navidad, era como si por primera vez **fuese** Navidad para ellos. » (p. 74).

- pour exprimer **la défense** (no + subjonctif) :
  « **No digas** tonterías. » (p. 56) ; « ...**no creas** que soy tonto. » (p. 93).

- pour exprimer **le doute, une hypothèse, une possibilité :**
  « ¿Es posible que no **sea** usted un fantasma de verdad? » (p. 130).

- pour exprimer **le souhait, le désir :**
  « ...que no se **enfade** la mar / y **vuelvan** todos (los mozos). » (p. 135).

- pour exprimer **une éventualité, l'avenir** après : cuando, en cuanto (= *dès que*), mientras (= *pendant que, tant que*) :
  « Cuando **vengan** los otros jugaremos un partido de fulbito. » (p. 103) ; « Todos los días, cuando **baje** a tomar desayuno, quiero verte en la mesa... » (p. 95).
  Il en va de même dans certaines relatives :
  « ...te daré todo lo que me **pidas**... » (p. 160).

Attention : dans l'interrogation directe ou indirecte, c'est le futur que l'on emploie :
« ¿Cuándo **será** la tierra / tuya en tus manos? » (p. 135).

LA CONCORDANCE DES TEMPS

En espagnol, la concordance des temps est rigoureusement **obligatoire.** On ne peut pas dire comme en français : « *Je voulais* (imparfait de l'indicatif) *qu'il vienne* (présent du subjonctif). »
Lorsque la principale est au passé ou au conditionnel et que la subordonnée doit être au subjonctif (cf. les emplois du subjonctif, p. 179), c'est l'imparfait du subjonctif qu'il faut alors employer dans la subordonnée :
« Me **dijo** que **tomara** el tranvía... » (p. 83) ;
« **Sería** una lástima que no **pudiera** ingresar. » (p. 119).

Voici les principaux cas de concordance des temps :

proposition principale	**proposition subordonnée**
présent de l'indicatif impératif passé composé futur	présent du subjonctif ou passé composé du subjonctif
imparfait de l'indicatif prétérit conditionnel plus-que-parfait	imparfait du subjonctif ou plus-que-parfait du subjonctif

Le **pido** que **venga** a verme – Le **pedí** que **viniera** a verme.
Deseo que **hables** – **Desearía** que **hablaras.**

LE GÉRONDIF

- Le gérondif peut jouer le rôle de complément de manière ; il répond alors à la question **¿cómo? :**
  « María ve cómo se aleja **corriendo** por el camino. » (p. 34) ;
  « ...sale **conduciendo** un Land Rover... » (p. 143) ;
  « Como cada noche desperté, **pensando** en ti... » (p. 124).

- Il ne peut, comme le participe présent français, jouer le rôle de déterminatif vis-à-vis d'un nom ; l'espagnol emploie dans ce cas une proposition relative :
  vemos a dos cazadores que corren tras una liebre *(courant derrière un lièvre).*

LES DIFFÉRENTS ASPECTS DE L'ACTION

- **Estar** + **gérondif** indique que l'action **est en train de** se dérouler :
  « José Ramón **está haciendo** un aeroplano inmenso... » (p. 32) ;
  « En el parque **estaban adornando** los abetos con bolas brillantes de todos los colores... » (p. 74).

- **Ir** + **gérondif** indique qu'une action se déroule **progressivement,** peu à peu :
  « **Voy acercándome** a mi casa... » (p. 137) ;
  « Pero la noche y la tempestad **fueron pasando.** » (p. 138).

- **Andar** + **gérondif** indique qu'une action se déroule progressivement avec, souvent, l'idée d'un déplacement du sujet :
  « **Ando buscando** una casa, de la familia Linares. » (p. 64).

- **Seguir** + **gérondif** indique que l'action **continue** à se dérouler :
  « Ambos también **siguen jugando** a la primitiva... » (p. 101) ;
  « **Seguía trabajando** y **aprendiendo** para conseguir que su vida tuviera una línea bien definida. » (p. 68).

AL + INFINITIF

Cette tournure marque le moment précis où s'exécute une action qui souvent engendre une autre action. Elle équivaut à une subordonnée temporelle introduite par **cuando** ou **en cuanto** (dès que) :
« ...**al cumplir** (yo) los catorce, Padre me subió al páramo... » (p. 107) ;
« Se apea usted **al llegar** a la calle del Océano Pacífico... » (p. 83).

LA RÉITÉRATION

Elle s'exprime par :

- **Otra vez** ou **de nuevo** placés derrière le verbe :
  la película me gusta mucho, la veré **otra vez** ;
  « ...se ha visto llover **de nuevo,** se ha arado **de nuevo**... » (p. 111).

- **Volver a + infinitif :**
  « Pero la voz **volvió a llamar.** » (p. 138) ;
  vuelve a cantar su canción *(il rechante sa chanson).*

L'OBLIGATION

- L'obligation impersonnelle :

  hay que / es preciso / es necesario / hace falta } + infinitif.

  « ...**hay que comprar** el boleto la víspera... » (p. 145) ;
  « En cambio con los extranjeros no **hace falta discutir**... » (p. 148).

- L'obligation personnelle :

  tener que (conjugué) + infinitif.

  es preciso que / es necesario que / hace falta que } + subjonctif.

  « **Tienes que coger** el tenedor así... » (p. 56) ;
  « ...hoy **tenemos que cenar** temprano. » (p. 59) ;
  es necesario que me lo digas ;
  hace falta que me escuche.

Haber de + infinitif marque une idée d'obligation moins catégorique :
« ¿Algo serio? — La bobina, **hemos de suponer.** » (p. 113) ;
« ¿Podría indicarme cómo **he de ir** a la calle del General...? » (p. 83).

Cette tournure exprime souvent une idée de futur :
Hemos de salir dentro de tres horas para llegar a tiempo a Madrid.

LES PRÉPOSITIONS

A

L'emploi de la préposition **a** est obligatoire :

- devant **un complément d'objet direct de personne déterminée :**
  « La contestación indigna **a** Paulina. » (p. 56) ;
  « Sánchez avisa **al** jefe de recepción. » (p. 146).

- après **un verbe de mouvement :**
  « El lunes fuimos **al** cine... » (p. 98) ;
  « ...yo me marcho **a** la cama. » (p. 130).

Attention aux tournures du type : un travail **à** faire = un trabajo **que** hacer.

DE

La préposition **de** indique :

- **la matière :**
  «...un joven con una cazadora **de** cuero...» (p. 70).

- **l'appartenance :**
  «Dinero. Que no era mío, sino **de** mi empresa.» (p. 70).

- **la caractérisation :**
  «...**de** cabello moreno...» (p. 103) ;
  «...un hombre delgado, **de** mediana estatura...» (p. 143).

A noter les expressions : **de caza, de pesca, de vacaciones, de viaje.**
«...mañana temprano, saldrá **de** viaje.» (p. 60).

La préposition **de** introduit :
— un complément circonstanciel de temps :
«**De** pequeño... (fui a la escuela) una tarde.» (p. 93) ;
«Está el campo sombrío/**de** madrugada...» (p. 135) ;
«...esa casa con las puertas abiertas **de** día y **de** noche.» (p. 141).
— un complément circonstanciel de manière :
«Gustavo Ferrán, **de** smoking...» (p. 60).

Attention : devant un infinitif sujet ou complément direct, la préposition **de** n'est pas employée :
«...escaparates había tantos ... que era muy difícil verlos todos.» (p. 74) ;
«...va a ser un lío estacionar...» (p. 87).

EN

La préposition **en** exprime comme en français : *dans, sur, en... :*
«Juan se arrodilla a su lado, **en** el suelo.» (p. 93) ; «...tu voz de niña **en** mi oído...» (p. 123) ; «**En** Recepción hay problema.» (p. 146).

PARA

La préposition **para** exprime **le but, la direction, la destination, le point de vue :**
«... ver al director del hotel **para** pedirle un favor...» (p. 141) ;
«—¿Cuántos días faltan **para** el sorteo?» (p. 100) ;
«De esas de Tolosa que guardáis **para** los clientes buenos.» (p. 54) ;
aquello era muy importante **para** él.

POR

La préposition **por** exprime :

- le **passage** par un lieu ou le **déplacement à l'intérieur d'un lieu :**
  «...viaja **por** provincias...» (p. 89) ;
  «...espléndido circuito **por** Italia.» (p. 100) ;
  «... pasearme con una antorcha **por** el salón.» (p. 130).

- **la cause :**
  « ...la voz del señor Caballero tiembla **por** la ira. » (p. 146) ;
  « Sofía entra en el coche, feliz **por** la escapada. » (p. 141) ;
  « ...se pelearon **por** el color... » (p. 121).

- por = *en faveur de :*
  « ...mi padre trataba de despertar en mí el interés y la afición **por** el campo. » (p. 107).

- por = *pour le prix de :*
  se lo compré **por** nada ;
  por este precio comerás muy bien.

- **por** introduit **un complément d'agent :**
  la casa fue construida **por** su padre.

LA COORDINATION

- Y.
  La conjonction **y** se transforme en **e** devant un mot commençant par **i** ou **hi :**
  « ...una mano torpe **e** ineficaz. » (p. 107) ;
  padre **e** hijo.

- O.
  La conjonction **o** se transforme en **u** devant un mot commençant par **o** ou **ho :**
  siete **u** ocho ;
  mujer **u** hombre.

- **Pero** = *mais :*
  « No soy anarquista. **Pero** me gusta estudiar, leer. » (p. 119).
  Pour marquer une **opposition,** on emploie **sino** au lieu de **pero** après une proposition négative :
  « – Dinero. Que no era mío **sino** de mi empresa. » (p. 70).
  Quand l'opposition porte sur un verbe, on utilise **sino que :**
  no vino a vernos **sino que** fue al cine con un amigo.

LA NÉGATION

- **Nada, nadie, nunca** ont une double construction :

— no + verbe + mot négatif :
  « ...**no** comerá **nada**... » (p. 60) ;
  « A esta hora **no** hay **nadie** en la casa. » (p. 64) ;
  « ¿**No** fuiste **nunca** a la escuela? » (p. 93).

— mot négatif + verbe :
  « **Nada** hay que perdonar. » (p. 143) ;
  « ...a mí, **nadie** me ha enseñado... » (p. 56) ;
  « **Nunca** había visto un circo. » (p. 97).

- **Tampoco** = *non plus :*
  « Y ahora **tampoco** nos vemos... » (p. 48).

- **Ya no** = *ne... plus :*

  « ¡**Ya no** le dice : Te quiero... ! » (p. 110) ;
  « **Ya no** le oye. » (p. 83).

- **No... más que, sólo** = *ne... que, seulement :*

  « ...habían aparecido cosas que **no** había **más que** en Navidad... » (p. 74) ;
  « **No** hay **más que** en paquete. » (p. 64) ;
  « **Sólo** las mujeres se pasan el día echadas. » (p. 95).

L'INTERROGATION ET L'EXCLAMATION

1. La phrase interrogative

- La phrase interrogative commence toujours par **un point d'interrogation à l'envers** et s'achève par un point d'interrogation à l'endroit.

- Le **sujet** est normalement **placé après le verbe :**

  « ¿Cómo lo sabe usted? » (p. 125) ;
  « ¿Qué haces tú ahí sola? » (p. 93).

- Les mots interrogatifs sont : qué, quién, cuál, cómo, cuándo, dónde, cuánto (a, os, as), por qué, etc.
  Ils portent toujours un accent écrit même dans l'interrogation indirecte :

  le pregunto cómo se llama.

- A noter :

  l'accord en nombre de quién et cuál : **¿quién** es...? **¿quiénes** son...?, **¿cuál** es...?, **¿cuáles** son...?
  l'accord en genre et en nombre de cuánto : **¿cuántos** años tienes ? **¿cuántas** clases de ciencias tenéis a la semana?

2. La phrase exclamative

- Elle commence par **un point d'exclamation à l'envers** et se termine par un point d'exclamation à l'endroit.

- Les mots exclamatifs sont : **qué, cómo, cuánto (a, os, as).** Ils portent toujours un accent écrit (même dans l'exclamation indirecte) :

  « ¡Qué piso ! » (p. 47) ;
  « ¡Cómo resbala el agua por mi espalda ! » (p. 39).

  Remarquez les tournures :

  « — ¡**Qué cosa más rara !** » (p. 125) ;
  « ¡**Qué señora tan parlanchina !** » (p. 148).

LA CONJUGAISON

La conjugaison espagnole compte trois groupes de verbes :

Infinitif	=	Radical	+	Terminaison
CANTAR	=	Cant-	+	**AR**
COMER	=	Com-	+	**ER**
VIVIR	=	Viv-	+	**IR**

LE PRÉSENT DE L'INDICATIF

A la première personne du singulier du présent de l'indicatif, la terminaison est **-o** pour les trois conjugaisons. L'accent tonique porte sur le radical, sauf aux deux premières personnes du pluriel.

Les conjugaisons régulières

CANT**A**R	COM**E**R	VIV**I**R
C**a**nto	C**o**mo	V**i**vo
C**a**ntas	C**o**mes	V**i**ves
C**a**nta	C**o**me	V**i**ve
Cant**a**mos	Com**e**mos	Viv**i**mos
Cant**á**is	Com**é**is	Viv**í**s
C**a**ntan	C**o**men	V**i**ven

Les verbes à diphtongue

La dernière voyelle du radical de certains verbes diphtongue lorsqu'elle est placée sous l'accent tonique (c'est-à-dire aux trois personnes du singulier et à la troisième du pluriel). La diphtongaison se produit au présent de l'indicatif, au présent du subjonctif et à l'impératif.

e → **ie**

PENS**A**R	ENTEND**E**R	PREFER**I**R
P**ie**nso	Ent**ie**ndo	Pref**ie**ro
P**ie**nsas	Ent**ie**ndes	Pref**ie**res
P**ie**nsa	Ent**ie**nde	Pref**ie**re
Pens**a**mos	Entend**e**mos	Prefer**i**mos
Pens**á**is	Entend**é**is	Prefer**í**s
P**ie**nsan	Ent**ie**nden	Pref**ie**ren

o → **ue**

ENCONTRAR	PODER	DORMIR
Encuentro	Puedo	Duermo
Encuentras	Puedes	Duermes
Encuentra	Puede	Duerme
Encontramos	Podemos	Dormimos
Encontráis	Podéis	Dormís
Encuentran	Pueden	Duermen

N. B. : cas particulier : JUGAR : juego, juegas, juega, jugamos, jugáis, juegan.

Les verbes à affaiblissement

Dans certains verbes de la troisième conjugaison, le **e** final du radical s'affaiblit en **i** lorsqu'il est placé sous l'accent tonique.

e → **i**

PEDIR : Pido
Pides
Pide
Pedimos
Pedís
Piden

Se conjuguent sur ce modèle : repetir, seguir, servir, vestir, etc.

Les verbes en -acer, -ecer, -ocer, -ucir

c → **zc** devant **-o**

CONOCER : Conozco
Conoces
Conoce
Conocemos
Conocéis
Conocen

N. B. : attention à HACER (cf. « Autres verbes irréguliers »).

Les verbes en -uir

y devant **-o** et **-e**

CONSTRUIR : Construyo
Construyes
Construye
Construimos
Construís
Construyen

Autres verbes irréguliers

CAER : caigo, caes, cae, caemos, caéis, caen.
HACER : hago, haces, hace, hacemos, hacéis, hacen.
PONER : pongo, pones, pone, ponemos, ponéis, ponen.
SALIR : salgo, sales, sale, salimos, salís, salen.
TRAER : traigo, traes, trae, traemos, traéis, traen.

DECIR : digo, dices, dice, decimos, decís, dicen.
OÍR : oigo, oyes, oye, oímos, oís, oyen.

TENER : tengo, tienes, tiene, tenemos, tenéis, tienen.
VENIR : vengo, vienes, viene, venimos, venís, vienen.

DAR : doy, das, da, damos, dais, dan.
IR : voy, vas, va, vamos, vais, van.
SABER : sé, sabes, sabe, sabemos, sabéis, saben.
VER : veo, ves, ve, vemos, veis, ven.

ESTAR : estoy, estás, está, estamos, estáis, están.
SER : soy, eres, es, somos, sois, son.

N. B. : attention à la conjugaison de l'auxiliaire HABER : he, has ha, hemos, habéis, han.

LE PRÉSENT DU SUBJONCTIF

Formation

Présent de l'indicatif (voyelle dominante)		Présent du subjonctif (voyelle dominante)
1re conj.	a ⟶	e
2e et 3e conj.	e ⟶	a

Les verbes réguliers

CANTAR :	COMER :	VIVIR :
Cante	Coma	Viva
Cantes	Comas	Vivas
Cante	Coma	Viva
Cantemos	Comamos	Vivamos
Cantéis	Comáis	Viváis
Canten	Coman	Vivan

Les verbes irréguliers

	Présent de l'indicatif	Présent du subjonctif
TENER :	Tengo	Tenga
	Tienes	Tengas
	Tiene	Tenga
	Tenemos	Tengamos
	Tenéis	Tengáis
	Tienen	Tengan

L'irrégularité de la première personne du présent de l'indicatif se retrouve à toutes les personnes du présent du subjonctif. Exemples :

Salgo	→	Salga, salgas, etc.
Caigo	→	Caiga, caigas, etc.
Oigo	→	Oiga, oigas, etc.
Veo	→	Vea, veas, etc.
Conozco	→	Conozca, conozcas, etc.
Construyo	→	Construya, construyas, etc.

Les verbes à diphtongue

e → ie		o → ue	
PENSAR	ENTENDER	ENCONTRAR	PODER
Piense	Entienda	Encuentre	Pueda
Pienses	Entiendas	Encuentres	Puedas
Piense	Entienda	Encuentre	Pueda
Pensemos	Entendamos	Encontremos	Podamos
Penséis	Entendáis	Encontréis	Podáis
Piensen	Entiendan	Encuentren	Puedan

N. B. : JUGAR : juegue, juegues, juegue, juguemos, juguéis, jueguen.

Les verbes à affaiblissement

e → i

PEDIR

Pida
Pidas
Pida
Pidamos
Pidáis
Pidan

Notez que l'affaiblissement de la première personne du présent de l'indicatif se retrouve ici à toutes les personnes, quelle que soit la place de l'accent tonique (cf. les verbes irréguliers).

Les verbes à diphtongue et affaiblissement

e → ie e → i	o → ue o → u
PREFERIR	DORMIR
Prefiera	Duerma
Prefieras	Duermas
Prefiera	Duerma
Prefiramos	Durmamos
Prefiráis	Durmáis
Prefieran	Duerman

Autres verbes irréguliers

DAR (doy) : dé, des, dé, demos, deis, den.
ESTAR (estoy) : esté, estés, esté, estemos, estéis, estén.
IR (voy) : vaya, vayas, vaya, vayamos, vayáis, vayan.
SABER (sé) : sepa, sepas, sepa, sepamos, sepáis, sepan.
SER (soy) : sea, seas, sea, seamos, seáis, sean.

N.B. : attention à la conjugaison de l'auxiliaire HABER (he) :
haya, hayas, haya, hayamos, hayáis, hayan.

L'IMPÉRATIF

L'impératif espagnol comporte deux personnes de plus que le français car l'on utilise la 3e personne lorsque l'on s'adresse à une ou plusieurs personnes que l'on vouvoie (usted, ustedes).

Formation

CANTAR

Présent de l'indicatif		Impératif		Présent du subjonctif
—				—
Cantas	chute du s →	Canta		—
—		Cante	←	Cante
—		Cantemos	←	Cantemos
—	inf. CANTAR →	Cantad		—
—		Canten	←	Canten

La 2e personne du pluriel de l'impératif se forme à partir de l'infinitif : on remplace le **r** par un **d.**

Les verbes réguliers

CANTAR :	COMER :	VIVIR :
Canta	Come	Vive
Cante	Coma	Viva
Cantemos	Comamos	Vivamos
Cantad	Comed	Vivid
Canten	Coman	Vivan

Les verbes pronominaux

PASEARSE :	VOLVERSE :	VESTIRSE :
Paséate	Vuélvete	Vístete
Paséese	Vuélvase	Vístase
Paseémonos	Volvámonos	Vistámonos
Paseaos	Volveos	Vestíos
Paséense	Vuélvanse	Vístanse

Remarquez la chute du **s** dans la terminaison de la 1re personne du pluriel :
Volvamos → Volvámonos.

Remarquez également la chute du **d** dans la terminaison de la 2e personne du pluriel :

Pasead → Paseaos.

Les formes irrégulières de la 2e personne du singulier

IR	VENIR	TENER	PONER	SALIR	HACER	DECIR	SER
Ve	Ven	Ten	Pon	Sal	Haz	Di	Sé

La défense

No + présent du subjonctif à toutes les personnes

No cantes	No te vuelvas
No cante	No se vuelva
No cantemos	No nos volvamos
No cantéis	No os volváis
No canten	No se vuelvan

L'IMPARFAIT DE L'INDICATIF

Les verbes réguliers

CANTAR :	COMER :	VIVIR :
Cantaba	Comía	Vivía
Cantabas	Comías	Vivías
Cantaba	Comía	Vivía
Cantábamos	Comíamos	Vivíamos
Cantabais	Comíais	Vivíais
Cantaban	Comían	Vivían

Les verbes irréguliers

IR : iba, ibas, iba, íbamos, ibais, iban.
SER : era, eras, era, éramos, erais, eran.
VER : veía, veías, veía, veíamos, veíais, veían.

LE FUTUR

Formation

Futur = infinitif + terminaisons de **haber** au présent de l'indicatif

Les verbes réguliers

CANTAR :	Cantaré	COMER :	Comeré	VIVIR :	Viviré
	Cantarás		Comerás		Vivirás
	Cantará		Comerá		Vivirá
	Cantaremos		Comeremos		Viviremos
	Cantaréis		Comeréis		Viviréis
	Cantarán		Comerán		Vivirán

Les verbes irréguliers

DECIR : diré, dirás, dirá, diremos, diréis, dirán.
HACER : haré, harás, hará, haremos, haréis, harán.
PODER : podré, podrás, podrá, podremos, podréis, podrán.
PONER : pondré, pondrás, pondrá, pondremos, pondréis, pondrán.
QUERER : querré, querrás, querrá, querremos, querréis, querrán.
SABER : sabré, sabrás, sabrá, sabremos, sabréis, sabrán.
SALIR : saldré, saldrás, saldrá, saldremos, saldréis, saldrán.
TENER : tendré, tendrás, tendrá, tendremos, tendréis, tendrán.
VENIR : vendré, vendrás, vendrá, vendremos, vendréis, vendrán.

N. B. : attention à la conjugaison de l'auxiliaire HABER :
habré, habrás, habrá, habremos, habréis, habrán.

LE CONDITIONNEL

Formation

Conditionnel = infinitif + terminaisons de **haber** à l'imparfait de l'indicatif

Les verbes réguliers

CANTAR :	Cantaría	COMER :	Comería	VIVIR :	Viviría
	Cantarías		Comerías		Vivirías
	Cantaría		Comería		Viviría
	Cantaríamos		Comeríamos		Viviríamos
	Cantaríais		Comeríais		Viviríais
	Cantarían		Comerían		Vivirían

Les verbes irréguliers

DECIR : diría, dirías, diría, diríamos, diríais, dirían.
HACER : haría, harías, haría, haríamos, haríais, harían.
PODER : podría, podrías, podría, podríamos, podríais, podrían.
PONER : pondría, pondrías, pondría, pondríamos, pondríais, pondrían.
QUERER : querría, querrías, querría, querríamos, querríais, querrían*.
SABER : sabría, sabrías, sabría, sabríamos, sabríais, sabrían.
SALIR : saldría, saldrías, saldría, saldríamos, saldríais, saldrían.
TENER : tendría, tendrías, tendría, tendríamos, tendríais, tendrían.
VENIR : vendría, vendrías, vendría, vendríamos, vendríais, vendrían.

N. B. : attention à la conjugaison de l'auxiliaire HABER :
habría, habrías, habría, habríamos, habríais, habrían.

* On emploie plutôt quisiera, quisieras... (formes de l'imparfait du subjonctif).

LE PASSÉ SIMPLE (OU PRÉTÉRIT)

Les verbes réguliers

CANTAR :	Canté	COMER :	Comí	VIVIR :	Viví
	Cantaste		Comiste		Viviste
	Cantó		Comió		Vivió
	Cantamos		Comimos		Vivimos
	Cantasteis		Comisteis		Vivisteis
	Cantaron		Comieron		Vivieron

Les verbes réguliers

- **Les prétérits forts :** ces verbes changent de radical. Aux 1re et 3e personnes du singulier, ils sont accentués sur le radical et ne portent pas d'accent écrit.

  ANDAR : anduve, anduviste, anduvo, anduvimos, anduvisteis, anduvieron.
  ESTAR : estuve, estuviste, estuvo, estuvimos, estuvisteis, estuvieron.
  TENER : tuve, tuviste, tuvo, tuvimos, tuvisteis, tuvieron.
  HACER : hice, hiciste, hizo, hicimos, hicisteis, hicieron.
  PODER : pude, pudiste, pudo, pudimos, pudisteis, pudieron.
  PONER : puse, pusiste, puso, pusimos, pusisteis, pusieron.
  QUERER : quise, quisiste, quiso, quisimos, quisisteis, quisieron.
  SABER : supe, supiste, supo, supimos, supisteis, supieron.
  VENIR : vine, viniste, vino, vinimos, vinisteis, vinieron.
  DECIR : dije, dijiste, dijo, dijimos, dijisteis, dijeron.
  TRAER : traje, trajiste, trajo, trajimos, trajisteis, trajeron.

  Verbes en -DUCIR. Ex. : CONDUCIR : conduje, condujiste, condujo, condujimos, condujisteis, condujeron.

  HABER (auxiliaire) : hube, hubiste, hubo, hubimos, hubisteis, hubieron.

- SER et IR ont le même prétérit : fui, fuiste, fue, fuimos, fuisteis, fueron.
- DAR : di, diste, dio, dimos, disteis, dieron.
- Affaiblissement à la 3e personne du singulier et du pluriel des verbes du type : PEDIR : pedí, pediste, pidió, pedimos, pedisteis, pidieron.

PREFERIR : preferí, preferiste, prefirió, preferimos, preferisteis, prefirieron.
DORMIR : dormí, dormiste, durmió, dormimos, dormisteis, durmieron.

- Modifications orthographiques :
  LLEGAR : llegué, llegaste... COMENZAR : comencé, comenzaste... LEER : leí, leíste, leyó, leímos, leísteis, leyeron. Etc.

L'IMPARFAIT DU SUBJONCTIF

Formation

L'imparfait du subjonctif a deux formes : l'une en **ra**, l'autre en **se**. Elles se construisent à partir de la 3e personne du pluriel du prétérit : on remplace **ron** par **ra** ou par **se.**

Ex. : (Cantar) Cantaron { Cantara / Cantase   (Tener), Tuvieron { Tuviera / Tuviese

Cette règle de formation est valable pour tous les verbes, que leur prétérit soit régulier ou irrégulier.

Conjugaison

CANTAR		COMER		VIVIR	
Cantara	Cantase	Comiera	Comiese	Viviera	Viviese
Cantaras	Cantases	Comieras	Comieses	Vivieras	Vivieses
Cantara	Cantase	Comiera	Comiese	Viviera	Viviese
Cantáramos	Cantásemos	Comiéramos	Comiésemos	Viviéramos	Viviésemos
Cantarais	Cantaseis	Comierais	Comieseis	Vivierais	Vivieseis
Cantaran	Cantasen	Comieran	Comiesen	Vivieran	Viviesen

GÉRONDIF ET PARTICIPE PASSÉ

1. Le gérondif

Formation

Radical + **-ando** (1re conjugaison)
Radical + **-iendo** (2e et 3e conjugaison)

Les verbes réguliers

CANTAR : Cantando   COMER : Comiendo   VIVIR : Viviendo

Les verbes irréguliers

Verbes du type PEDIR : pidiendo (seguir : siguiendo, etc.).
Verbes du type PREFERIR : prefiriendo (sentir : sintiendo, etc.).
VENIR : viniendo. DORMIR : durmiendo. MORIR : muriendo. IR : yendo. LEER : leyendo. CAER : cayendo. CONSTRUIR : construyendo.

2. Le participe passé

Formation

Radical + **-ado** (1re conjugaison) Radical + **-ido** (2e et 3e conjugaison)

Les verbes réguliers

CANTAR : Cantado COMER : Comido VIVIR : Vivido

Les verbes irréguliers

ABRIR : abierto. CUBRIR : cubierto. DECIR : dicho. ESCRIBIR : escrito. HACER : hecho. MORIR : muerto. PONER : puesto. ROMPER : roto. VER : visto. VOLVER : vuelto.

LES TEMPS COMPOSÉS

Formation

Auxiliaire **haber** conjugué + **participe passé**

- L'auxiliaire **haber** sert à former les temps composés de tous les verbes.
- Le participe passé reste toujours **invariable.**
- L'auxiliaire et le participe passé ne doivent **jamais être séparés.**

Ex. : he trabajado mucho ; has dormido bien.

Conjugaison

- Indicatif :
  - **passé composé :** haber au présent de l'indicatif + participe passé.
    Ex. : he cantado.
  - **plus-que-parfait :** haber à l'imparfait de l'indicatif + participe passé.
    Ex. : había cantado.
  - **futur antérieur :** haber au futur + participe passé.
    Ex. : habré cantado.
  - **Conditionnel passé :** haber au conditionnel présent + participe passé.
    Ex. : habría cantado.

- Subjonctif :
  - **passé composé :** haber au subjonctif présent + participe passé.
    Ex. : haya cantado.
  - **plus-que-parfait :** haber au subjonctif imparfait + participe passé.
    Ex. : hubiera / hubiese } cantado.

Pour la conjugaison de l'auxiliaire **haber** aux différents temps, reportez-vous aux chapitres précédents.

Léxico

ABRÉVIATIONS

adj. = adjectif
adj. et n. = adjectif et nom
adv. = adverbe
apoc. = apocope
dim. = diminutif
fam. = familier
gramm. = grammaire
[i] indique l'affaiblissement du e du radical en i

[ie], [ue] indiquent des verbes à diphtongue
n. f. = nom féminin
n. m. = nom masculin
part. pass. irr. = participe passé irrégulier
plur. = pluriel
prép. = préposition

---

a

abierto, a, ouvert, e.
abotonar, boutonner.
abrazar, embrasser.
abril, avril.
abrir, ouvrir.
absoluto, a, absolu, e. **En absoluto,** absolument.
aburrirse, s'ennuyer.
abuso, n. m., abus.
acá, ici.
acabar, terminer, se terminer.
aceite, n. m., huile.
aceituna, n. f., olive.
acercar, approcher.
acodarse, s'accouder.
aconsejar, conseiller.
acordarse [ue] de, se souvenir de.
acortar, raccourcir.
acostar [ue], coucher.
actuar, se produire (un artiste).
acuerdo, n. m., accord. **Estar de acuerdo,** être d'accord.
achicharrarse, se brûler, rôtir.
ademán, n. m., geste.
además, en outre.
adentro, dedans, au-dedans.
adivinar, deviner.
adjunto, a, ci-joint, e, ci-inclus, e.
admitir, admettre.
afecto, n. m., affection.
aficionado, a, adj. et n., amateur.
afortunado, a, fortuné, e, heureux, euse.
agosto, août.
agradecer, remercier.
agradecido, a, reconnaissant, e.
agruparse, se regrouper.
agua, n. f., eau. Attention : **el agua pura.**
aguja, n. f., aiguille.
ahí, là, par là ; **¡Ahí está!** le voilà !
ahora, maintenant. **Ahora mismo,** à l'instant même.
ajo, n. m., ail.
ala, n. f., aile.
alameda, n. f., allée, promenade.
alba, n. f., aube.
albo, a, blanc, che.
alcachofa, n. f., artichaut.
alcance, n. m., portée.
alegrarse, se réjouir.
alegre, joyeux, euse.
alegría, n. f., joie.
alejarse, s'éloigner.
alforja, n. f., besace.
algo, quelque chose ; un peu.
algodón, n. m., coton.
alguien, quelqu'un.
algún, apoc. de **alguno,** quelque.
alguno, a, quelque ; aucun, e.
almacén, n. m., grand magasin, boutique.
almendra, n. f., amande.
almohadón, n. m., coussin.
alrededor, autour.
alto, a, haut, e, grand, e. **En lo alto de :** en haut de.
altura, n. f., hauteur.
alumno, a, élève.
alzar, lever, élever ; relever.
allá, là-bas.
allí, là-bas.
amamantar, allaiter.
amar, aimer.
amargo, a, amer, ère.
amarillo, a, jaune.
amarrar, attacher.
ambiente, n. m., ambiance.
ambos, as, les deux.
amenazar, menacer.
amigo, a, adj. et n., ami, e.
amistad, n. f., amitié.
amor, n. m., amour.
anciano, a, vieil homme, vieille femme.
ancho, a, large.
andar, cf. gramm. p. 181 ; marcher ; être ; aller. **¡Anda!** diable ! allons ! vas-y !
anochecer, n. m., crépuscule.
ante, devant. **Ante todo,** avant toute chose, avant tout.
anteojos, n. m. plur., lunettes.
antes, avant. **Antes de, antes que,** avant.

anticipo, n. m., anticipation.
antiguo, a, ancien, enne.
anudar, nouer.
anunciar, annoncer.
añadir, ajouter.
año, n. m., an, année. **¿Cuántos años tienes?** Quel âge as-tu ?
apagar, éteindre.
aparecer, apparaître.
apellido, n. m., nom de famille.
apostar [ue], parier ; poster.
apresurarse, se presser, se dépêcher.
aprisa, rapidement.
aproximar, approcher.
aquel, cf. gramm. p. 170.
aquí, ici. **He aquí,** voici.
árbol, n. m., arbre.
arboleda, n. f., futaie.
área, n. f., aire.
arrancar, arracher.
arreglar, arranger.
arriba, en haut.
arrodillarse, s'agenouiller.
arrojar, lancer.
arroz, n. m., riz.
asaltar, assaillir.
asentir [ie], donner son accord, accepter.
así, ainsi. **Así como,** de même que. **Así que,** ainsi donc.
asiento, n. m., siège.
asignatura, n. f., matière, discipline (scolaire).
astuto, a, rusé, e.
asunto, n. m., sujet, thème.
atar, attacher.
atardecer, n. m., soir, tombée du jour.
atento, a, attentif, ive.
atraer, attirer.
atrasar, retarder.
atravesar [ie], traverser.
atún, n. m., thon.
aula, n. f., salle de classe. Attention : **el aula.**
aún, encore.
ausencia, n. f., absence.
ave, n. f., oiseau. Attention : **el ave.**
avenida, n. f., avenue.
avergonzado, a, honteux, euse.
avisar, avertir.
¡ay!, ah! hélas! (exprime surtout la douleur).
ayer, hier.
ayudar, aider.
azafrán, n. m., safran.
azul, bleu, e.

b

bailar, danser.
bajar, descendre.
bajo, a, adj., bas, basse, petit, e ; prép., sous.
balbucear, balbutier.
bañar, baigner.
barca, n. f., barque.
barco, n. m., bateau.
barrer, balayer.
barrio, n. m., quartier.
bastante, assez.
bastar, suffire. **¡Basta!,** cela suffit !
beber, boire.
bello, a, beau, belle.
besar, embrasser.
beso, n. m., baiser.
bici, n. f., fam. bicyclette.
billetero, n. m., portefeuille.
blanco, a, adj. et n., blanc, blanche.
blancura, n. f., blancheur.
boca, n. f., bouche.
bola, n. f., boule.
boleto, n. m., billet (de train, de loterie).
bolsillo, n. m., poche.
bondadoso, a, bon, bonne.
bosque, n. m., bois, forêt.
botella, n. f., bouteille.
brazo, n. m., bras.
brinco, n. m., bond, saut.
bueno, a, bon, bonne.
buey, n. m., bœuf.
buque, n. m., bateau.
burro, a, âne, ânesse.
buscar, chercher.
butacón, n. m., fauteuil.

c

cabalgar, chevaucher.
cabalgata, n. f., chevauchée.
caballo, n. m., cheval.
cabaña, n. f., cabane.
cabello, n. m., cheveu ; chevelure.
cabeza, n. f., tête.
cada, chaque.
cadena, n. f., chaîne.
caer, tomber.
cajera, n. f., caissière.
calentar [ie], chauffer, réchauffer.
caliente, chaud, e.
calmosamente, calmement.
calor, n. m., chaleur. **Entrar en calor,** s'échaufffer.
calzada, n. f., chaussée.
callar(se), se taire.
calle, n. f., rue.
callos, n. m. plur., tripes.
cama, n. f., lit.
camarero, n. m., garçon (de café, de restaurant).
cambiar, changer.
cambio, n. m., changement. **A cambio de,** en échange de. **En cambio,** en revanche.
caminar, marcher, cheminer.
camino, n. m., chemin. **Camino de,** en route pour, sur le chemin de.
camisa, n. f., chemise.
campana, n. f., cloche.
campesino, a, adj. et n., paysan, anne.
campo, n. m., champ ; campagne.

canción, n. f., chanson.
cansar, fatiguer.
cantante, n. m. et f., chanteur, euse.
cantar, chanter.
canto, n. m., chant.
capitalino, n. m., habitant de la capitale.
cara, n. f., visage.
carajo, sapristi !
caramba, sapristi !
carita, dim. de **cara.**
carne, n. f., viande ; chair.
carpintear, faire un travail de charpenterie.
carrera, n. f., course.
carretera, n. f., route.
carta, n. f., lettre.
cartera, n. f., portefeuille.
casa, n. f., maison. **En casa,** à la maison. **(Estar) en casa de, (ir) a casa de,** chez. **Está en su casa,** faites comme chez vous.
casarse, se marier.
casi, presque.
castellano, a, adj. et n., castillan, e.
castigar, punir.
castillo, n. m., château.
cazadora, n. f., blouson.
cazar, chasser.
cena, n. f., dîner.
cenar, dîner.
centavo, n. m., centime (de **peso**).
cerca de, près de.
cercano, a, proche.
cerdo, n. m., porc.
cerrar [ie], fermer.
cesto, n. m., panier.
cielo, n. m., ciel.
cierto, a, certain, e.
cifra, n. f., chiffre.
cinturón, n. m., ceinture.
circense, du cirque.
círculo, n. m., cercle.
ciudad, n. f., ville.
claro, a, clair, e.
clase, n. f., cours ; classe ; sorte, espèce.
clausurar, entourer, clôturer.
clavel, n. m., œillet.
cocer [ue], cuire.
cocido, n. m., pot-au-feu.
cocina, n. f., cuisine.
cocinero, a, cuisinier, ère.
codazo, n. m., coup de coude.
coger, prendre ; cueillir ; attraper.
cola, n. f., queue.
cole, n. m., fam., collège.
colegial, n. m., collégien.
colocar, mettre, disposer.
columna, n. f., colonne.
comedor, n. m., salle à manger.
comer, manger.
comerciante, n. m., commerçant.
cometa, n. f., cerf-volant.
cómic, n. m., bande dessinée.
comienzo, n. m., début, commencement.
comisaría, n. f., commissariat.
comisionado, a, délégué, e.
como, comme.
cómo, comment.
compañerismo, n. m., camaraderie.
compañero, a, camarade.
compartir, partager.
comprar, acheter.
comprobar [ue], vérifier.
con, avec.
conceder, accorder.
conducir, conduire.
confiado, confiant, sûr de soi.
confundir, confondre.
conmigo, avec moi.
conocer, connaître.
conseguir [i], obtenir ; réussir à.
consejo, n. m., conseil.
consumir, consommer.
contar [ue], compter ; conter, raconter.
contestación, n. f., réponse.
contestar, répondre.
contigo, avec toi.
copita, n. f., dim. de **copa,** verre, coupe.
copo, n. m., flocon.
corazón, n. m., cœur.
corbata, n. f., cravate.
correr, courir ; rouler.
corresponder, convenir.
corte, n. m., coupe ; n. f., cour (royale).
corto, a, court, e.
cosa, n. f., chose.
cosecha, n. f., récolte.
coser, coudre.
costa, n. f., côte.
costar [ue], coûter.
costumbre, n. f., habitude.
crear, créer.
crecer, croître, pousser.
creer, croire.
criado, a, serviteur, servante, domestique.
criatura, n. f., bébé.
crines, n. f., plur. crinière.
crisis, n. f., crise.
cristal, n. m., vitre.
cruz, n. f., plur. **cruces,** croix.
cruzar, traverser.
cuadro, n. m., tableau.
cual, quel, lequel.
cualquier, apoc. de **cualquiera. Cualquier** cosa, n'importe quoi.
cuando, quand, lorsque. **De vez en cuando, de cuando en cuando,** de temps en temps.
cuánto, a, combien. **En cuanto a,** en ce qui concerne.
cubierto, n. m., couvert.
cubrir, couvrir.
cuchillo, n. m., couteau.
cuello, n. m., cou.
cuenta, n. f., compte. **Darse cuenta,** se rendre compte, remarquer ; addition (dans un restaurant).
cuento, n. m., conte.
cuero, n. m., cuir.
cuerpo, n. m., corps.
cuesta, n. f., côte, pente.
cuidadoso, a, attentif, ive ; soigneux, euse.
cumbre, n. f., sommet.
cumplir, cumplir con su promesa, tenir sa promesse ; **cumplir veinte años,** avoir vingt ans.
cuna, n. f., berceau.
curioso, a, adj. et n., curieux, euse.
curso, n. m., classe ; cours. **En el curso del diálogo,** au cours du dialogue.

ch

chabola, n. f., baraque, bidonville.
chicle, n. m., chewing-gum.
chico, a, adj. et n., petit, e ; garçon, fille.
chino, a, adj. et n., chinois, e.
¡chist!, chut !
cholito, dim. de **cholo,** métis.
choza, n. f., chaumière, cabane.

d

danzar, danser.
dar, donner. **Van a dar las once,** onze heures vont sonner.
de, prép., cf. gramm. p. 183.
debajo de, sous.
deber, devoir.
débil, faible.
decir [i], dire.
dedo, n. m., doigt.
dejar, laisser. **Dejar de,** cesser de.
delantal, n. m., tablier.
delante, devant. **Delante de ellos,** devant eux.
delgado, a, mince.
demás (los, las), les autres.
demasiado, trop.
demonio, n. m., démon.
dentadura, n. f., dentition, dents.
dentro, à l'intérieur. **Dentro de,** dans.
deporte, n. m., sport.
deportista, sportif, ive.
derecha, n. f., droite. **A la derecha de,** à droite de.
derribar, renverser, abattre.
desaparecer, disparaître.
desayuno, n. m., petit déjeuner.
descansar, se reposer.
descolgar [ue], décrocher.
desconcertar [ie], déconcerter.
desconocido, a, adj. et n., inconnu, e.
descubrir, découvrir.
desde, depuis, de. **Desde luego,** évidemment, bien entendu.
desear, désirer ; souhaiter.
deseo, n. m., désir.
desesperadamente, désespérément.
desgraciado, a, malheureux, euse.
despacho, n. m., bureau (pièce).
despertar [ie], éveiller, réveiller.
después, après, ensuite, puis.
destino, n. m., destin ; destination.
detalle, n. m., détail.
detener [ie], n. m., arrêter.
detenidamente, longuement.
detrás, derrière. **Detrás de él,** derrière lui.
devolver [ue], rendre.
día, n. m., jour, journée. **Buenos días,** bonjour (le matin). **Al día siguiente,** le lendemain.
diario, a, journalier, ère.
dibujar, dessiner.
dibujo, n. m., dessin.
diciembre, décembre.
dicho, part. pass. irr. de **decir,** dire.
diente, n. m., dent.
dinero, n. m., argent.
dirigirse a, s'adresser à.
discutir, discuter.
disfraz, n. m., déguisement.
disfrutar, jouir.
disimular, cacher, dissimuler.
disparar, tirer.
disponer, disposer.
dispuesto, a, part. pass. irr. de **disponer.**
diversión, n. f., amusement, divertissement.
divertido, a, amusant, e.
divertirse [ie], s'amuser.
divisar, apercevoir.
doble, double.
documentación, n. f., papiers d'identité.
dolor, n. m., douleur.
domingo, n. m., dimanche.
dormirse [ue], s'endormir.
ducha, n. f., douche.
dudar, douter.
dueño, a, propriétaire, patron, onne.
dulce, doux, douce.
durante, pendant.

e

echar, jeter, lancer ; mettre, verser.
edad, n. f., âge.
efecto, n. m., effet. **En efecto,** en effet.
eficacia, n. f., efficacité.
ejemplo, n. m., exemple.
elegir [i], choisir.
emocionar, émouvoir.
empezar [ie], commencer.
empinado, a, très haut, e ; raide.
emplazamiento, n. m., emplacement.
empleo, n. m., emploi.
empresa, n. f., entreprise.
en, prép., cf. gramm. p. 183.
enamorado, a, amoureux, euse.
encaminarse hacia, prendre le chemin de.
encantar, enchanter.
encapuchado, n. m., pénitent.
encargado, n. m., préposé, responsable.
encarnado, a, n. m., incarnat, e ; rouge.
encender [ie], allumer.
encima, au-dessus, en haut.
encontrar [ue], trouver ; **¿Cómo se encuentran?,** comment allez-vous ?
encorvado, a, courbé, e.
encuentro, n. m., rencontre.
enemigo, a, ennemi, e.
enero, janvier.
enfermo, a, adj. et n., malade.
enojar, fâcher.
enseñar, enseigner, apprendre (quelque chose à quelqu'un) ; montrer.
entender [ie], comprendre.
entero, a, entier, ère.

entonces, alors.
entrada, n. f., entrée.
entre, entre ; parmi.
entretanto, entre-temps.
entrevista, n. f., entrevue.
enviar, envoyer.
equivocarse, se tromper.
escalera, n. f., escalier.
escaparate, n. m., vitrine.
escape, n. m., fuite. **A escape,** à toute vitesse.
escena, n. f., scène.
escopeta, n. f., fusil de chasse.
escribir, écrire.
escritorio, n. m., bureau (meuble).
escuchar, écouter.
escuela, n. f., école.
ese, a, os, as, cf. gramm. p. 170.
eso, cela. **Por eso,** c'est pour cela que.
espalda, n. f., dos.
espantoso, a, effrayant, e.
esparcir, répandre.
espectáculo, n. m., spectacle.
esperar, attendre ; espérer.
espíritu, n. m., esprit.
esposo, a, époux, épouse.
esquí, plur. **esquíes,** n. m., ski.
establecer, établir.
establecimiento, n. m., établissement.
establo, n. m., étable.
estación, n. f., saison ; gare (de chemin de fer).
estadio, n. m., stade.
estatura, n. f., stature, taille.
este, a, os, as, cf. gramm. p. 170.
esto, ceci.
estrecho, a, étroit, e.
estrella, n. f., étoile.
estudiar, étudier.
estudio, n. m., étude.
estupidez, n. f., stupidité.
eterno, a, éternel, elle.
expuesto, a, exposé, e.
extranjero, a, étranger, ère.
extrañar, étonner.
extraño, a, étrange.
extremo, n. m., extrémité.

f

fábrica, n. f., usine.
faena, n. f., travail.
fajo, n. m., liasse.
falda, n. f., jupe.
faltar, manquer.
famoso, a, renommé, e.
fantasma, n. m., fantôme.
farol, n. m., réverbère.
fase, n. f., phase.
favor, n. m., faveur. **Por favor,** s'il vous plaît.
febrero, février.
fecha, n. f., date.
feliz, heureux, euse.
felpa, n. f., peluche.
feria, n. f., foire, fête.
fiebre, n. f., fièvre.
fiel, fidèle.
fiesta, n. f., fête.
fijo, a, fixe ; fixement.
fin, n. m., fin. **Por fin, en fin,** enfin, finalement. **Al fin,** à la fin.
final, n. m., fin.
firma, n. f., signature.
flamante, flambant neuf, neuve.
flor, n. f., fleur.
forastero, a, adj. et n., étranger, ère (à la ville, au village).
forma, n. f., forme. **En esa forma,** de la sorte. **En forma,** comme il faut.
frente, n. f., front. **Frente a,** en face de.
frialdad, n. f., froideur.
frío, a, froid, froide.
fruta, n. f., fruit.
fuego, n. m., feu.
fuente, n. f., fontaine.
fuera, dehors, à l'extérieur. **¡Fuera!** dehors ! hors d'ici ! **Fuera de,** hors de.
fuerte, fort, e.
fuerza, n. f., force.
fumar, fumer.
fundar, fonder.
furia, n. f., furie.
futbolín, n. m., baby-foot.

g

galgo, n. m., lévrier.
gallina, n. f., poule.
ganar, gagner.
garganta, n. f., gorge.
gasto, n. m., dépense.
gato, a, chat, chatte.
gemido, n. m., gémissement.
gente, n. f., gens.
gimnasia, n. f., gymnastique.
gordo, a, gros, grosse.
gorra, n. f., casquette.
gota, n. f., goutte.
gracias, merci.
gran, apoc. de **grande,** grand, e.
griego, a, grec, grecque.
gritar, crier.
grito, n. m., cri.
grueso, a, gros, grosse.
guante, n. m., gant.
guardar, garder.
guardia, n. m., agent (de la circulation).
guiar, guider.
guisante, n. m., petit pois.
gustar, plaire. **Me gusta el verano,** j'aime l'été.
gusto, n. m., goût, plaisir.

h

haber, avoir, auxiliaire cf. gramm. p. 195.
hablar, parler.

hacendado, n. m., grand propriétaire.
hacer, faire.
hacerse, devenir.
hacia, vers, en direction de.
hacienda, n. f., grande propriété.
hambre, n. f., faim. Attention : **el hambre.**
hasta, jusqu'à ; même. **Hasta pronto,** à bientôt.
hay, il y a.
hecho, a, fait, faite, part. pass. irr. de **hacer.**
hermano, a, frère, sœur.
hermoso, a, beau, belle.
hijo, a, fils, fille. **Hijo mío,** mon fils.
hispanohablante, hispanophone.
historia, n. f., histoire.
hogar, n. m., foyer.
hoguera, n. f., feu, bûcher.
hoja, n. f., feuille.
hojarasca, n. f., feuilles mortes.
hola, bonjour, salut.
hombre, n. m., homme. **¡Hombre!** interj. (marque l'étonnement).
hora, n. f., heure. **Hora punta,** heure de pointe.
hospedaje, n. m., pension, logement.
hoy, aujourd'hui.
humo, n. m., fumée.
humor, n. m., humeur. **Estar de mal humor,** être de mauvaise humeur ; humour.
hundir, enfoncer.

i

idioma, n. m., langue.
iglesia, n. f., église.
igual, égal, e ; pareil. **Al igual que,** de même que, comme. **Igual a, igual que,** comme.
imagen, n. f., image.
incluido, a, inclus, e. **Todo incluido,** tout compris.
increíble, incroyable.
indio, a, adj. et n., indien, enne.
indudablemente, sans aucun doute.
inexperto, a, sans expérience.
ingeniero, n. m., ingénieur.
iniciar, commencer.
inmediato, a, immédiat, e. **De inmediato,** tout de suite, sur le champ.
inmenso, a, immense.
insistir, insister.
intentar, essayer.
internarse, pénétrer, s'enfoncer.
intranquilo, a, inquiet, ète.
invadir, envahir.
invierno, n. m., hiver.
ir, aller, cf. gramm. p. 181.
ira, n. f., colère.
irse, s'en aller.
isla, n. f., île.
izar, hisser.
izquierda, n. f., gauche. **A la izquierda de,** à gauche de.

j

jamás, jamais.
jardincillo, n. m., dim. de **jardín,** jardin.
jefe, n. m., chef.
joven, n. et adj., jeune homme, jeune fille ; jeune.
jubiloso, a, joyeux, euse.
juego, n. m., jeu.
jueves, n. m., jeudi.
juez, n. m., juge.
jugar [ue], jouer.
juguete, n. m., jouet.
juguetería, n. f., magasin de jouets.
julio, juillet.
junco, n. m., jonc.
junio, juin.
juntar, rassembler.
junto, a, près de.
juntos, as, ensemble.

l

lado, n. m., côté. **Al lado de,** a côté de. **De un lado para otro,** d'un côté à l'autre.
lámina, n. f., tôle.
lámpara, n. f., lampe.
largo, a, long, gue. **A lo largo de,** le long de.
lavar, laver.
leal, loyal, e.
leer, lire.
lejano, a, lointain, e.
lejos, loin.
lema, n. m., slogan.
lentitud, n. f., lenteur.
letrero, n. m., écriteau.
levantar, lever.
leve, léger, ère.
libreta, n. f., carnet.
libro, n. m., livre.
lienzo, n. m., tableau, toile.
limpiabotas, n. m., cireur de chaussures.
limpiar, laver, nettoyer.
lindo, a, joli, e.
línea, n. f., ligne.
lío, n. m., affaire, problème.
lirio, n. m., iris, lis.
loco, a, adj. et n., fou, folle.
locomotora, n. f., locomotive.
lucha, n. f., lutte.
luego, ensuite.
lugar, n. m., lieu.
lumbre, n. f., feu.
luna, n. f., lune.
lunes, n. m., lundi.
luz, plur., **luces,** n. f., lumière.

ll

llamar, appeler.
llanto, n. m., pleurs, larmes.
llave, n. f., clé.
llegada, n. f., arrivée.
llegar, arriver.
llenar, remplir.
lleno, a, plein, e.
llevar, porter ; conduire, mener ; emporter.
llorar, pleurer.
lloroso, a, éploré, e.
llover [ue], pleuvoir.
lluvia, n. f., pluie.

m

madera, n. f., bois.
madre, n. f., mère.
madrugada, n. f., aube.
malabarista, jongleur, équilibriste.
maletero, n. m., coffre.
malo, a, mauvais, e, méchant, e.
mandar, envoyer ; commander, ordonner.
manera, n. f., manière.
manga, n. f., manche.
maniquí, n. m., mannequin.
mano, n. f., main.
manta, n. f., couverture.
mañana, n. f., matin, matinée ; adv. demain. **Mañana por la mañana,** demain matin.
mapa, n. m., carte (géographique).
máquina, n. f., machine.
mar, n. m. et f., mer.
maravilla, n. f., merveille.
maravillar, émerveiller.
maravilloso, a, merveilleux, euse.
marco, n. m., cadre.
marcharse, s'en aller.
marido, n. m., mari.
marino, n. m., marin.
martes, n. m., mardi.
marzo, mars.
mas, mais.
más, plus, davantage. **¿Qué más?** quoi d'autre ? **Más o menos,** à peu près. **Más bien,** plutôt.
mascar, mâcher, mastiquer.
matar, tuer.
materia, n. f., matière.
máximo, n. m., maximum.
mayo, mai.
mayor, plus grand, e ; aîné, e ; adulte.
mayoría, n. f., majorité.
mazapán, n. m., friandise de Noël à base d'amande et de sucre.
mecer, bercer ; balancer.
mediano, a, moyen, enne.
médico, n. m., médecin.
medio, a, adj., demi, e.
medio, n. m., milieu. **En medio de,** au milieu de.
mejilla, n. f., joue.
mejor, meilleur, e ; mieux ; plutôt ; tant mieux. **A lo mejor,** peut-être.
mendigo, a, mendiant, e.
menor, adj., moindre, plus petit, e ; plus jeune.
menor, adj. et n., mineur.
menos, moins. **Más o menos,** à peu près.
menudo, a, menu, e, fin, e. **A menudo,** souvent.
mercado, n. m., marché.
merendar [ie], goûter, prendre le goûter.
mes, n. m., mois.
mesa, n. f., table.
mezcolanza, n. f., mélange.
miedo, n. m., peur.
miembro, n. m., membre.
mientras, pendant que. **Mientras que,** tandis que. **Mientras tanto,** pendant ce temps.
miércoles, n. m., mercredi.
mío, a, os, as, à moi, cf. gramm. p. 169. **Los míos,** les miens.
mirada, n. f., regard.
mirar, regarder.
mismo, a, même. **Lo mismo,** la même chose. **Lo mismo que,** comme, de même que.
mitad, n. f., moitié.
mochila, n. f., sac à dos.
modo, n. m., mode. **De todos modos,** de toute façon. **En cierto modo,** d'une certaine façon. **De modo que,** de sorte que.
mojar, mouiller.
molestar, gêner.
molinero, a, meunier, ère.
moneda, n. f., pièce (de monnaie).
mono, n. m., singe.
monte, n. m., montagne ; bois, forêt.
morado, a, violet, ette.
morar, vivre, habiter.
morder [ue], mordre.
moreno, a, brun, e.
morir [ue], mourir.
mostrador, n. m., comptoir.
moverse [ue], bouger.
movimiento, n. m., mouvement.
mozo, a, garçon, jeune fille.
muchacho, a, garçon, fille.
mucho, a, os, as, beaucoup.
muerte, n. f., mort.
muerto, a, adj. mort, e.
mugir, mugir.
mujer, n. f., femme.
mujerzuela, n. f., femmelette.
mundo, n. m., monde.
muñeca, n. f., poupée.
muro, n. m., mur.
música, n. f., musique.
muy, très.

n

nacer, naître.
nacimiento, n. m., naissance.

nada, rien.
nadie, personne.
nariz, n. f., nez.
naturaleza, n. f., nature.
navegar, naviguer.
navideño, a, de Noël.
necesidad, n. f., nécessité.
necesitar, avoir besoin de.
negocio, n. m., affaire ; commerce, boutique.
negro, a, adj. et n., noir, e.
nenito, n. m., dim. de **nene,** petit enfant, bébé.
nervioso, a, nerveux, euse.
nevado, a, enneigé, e.
nieve, n. f., neige.
ninguno, a, aucun, e.
niño, a, garçon, fille.
nítido, a, net, nette.
nivel, n. m., niveau.
noche, n. f., nuit. **De noche,** la nuit. **Buenas noches,** bonne nuit.
Nochebuena, n. f., nuit de Noël.
nombrar, nommer ; parler de.
notar, remarquer.
noviembre, novembre.
novio, a, fiancé, e, petit(e) ami(e).
nube, n. f., nuage.
nudo, n. m., nœud.
nuevo, a, nouveau, elle ; neuf, neuve. **De nuevo,** à nouveau.
nunca, jamais.

O

o, ou. Se transforme en u devant un mot commençant par o ou ho. **Siete u ocho.**
obediencia, n. f., obéissance.
octubre, octobre.
ocultar, cacher.
ocurrírsele a uno, venir à l'esprit de qqn.
oficial, n. m., officier.
oficina, n. f., bureau.
oficio, n. m., métier.
ofrecer, offrir. **¿Qué se le ofrece?** Que désirez-vous ?
ofrenda, n. f., offrande.
oído, n. m., oreille.
oír, entendre.
¡ojalá!, plaise à Dieu !
ojo, n. m., œil. **Ojos que no ven, corazón que no siente,** loin des yeux, loin du cœur.
ola, n. f., vague.
olivar, n. m., olivaie.
olivo, n. m., olivier.
olor, n. m., odeur.
oloroso, a, odorant, e.
olvidar, oublier.
opinar, penser.
opuesto, a, part. pass. irr. de **oponer,** opposer.
orden, n. f., ordre, commandement.
orgullosamente, orgueilleusement.
orilla, n. f., rive, rivage. **A orillas del mar,** au bord de la mer.
oro, n. m., or.
oscurecer, obscurcir.
oscuridad, n. f., obscurité.
otoño, n. m., automne.
oveja, n. f., brebis.

P

padre, n. m., père. **Los padres,** les parents.
pagar, payer.
página, n. f., page.
país, n. m., pays.
pájaro, n. m., oiseau.
palabra, n. f., mot.
pálido, a, pâle.
palo, n. m., bâton.
pampa, n. f., plaine (Amérique).
pan, n. m., pain.
pañuelo, n. m., mouchoir.
papel, n. m., papier ; rôle.
papelería, n. f., papeterie.
para, prép., cf. gramm. p. 183.
parada, n. f., arrêt.
parar, arrêter.
parecer, paraître, sembler.
parecer, n. m., avis, opinion.
pared, n. f., mur.
pareja, n. f., couple.
parlanchín, ina, adj. et n., bavard, e.
parte, n. f., partie ; lieu, endroit. **En todas partes, por todas partes,** partout. **A otra parte,** ailleurs.
partido, n. m., partie (de football...).
pasajero, a, passager, ère.
pasar, passer ; se passer. **¿Qué te pasa?** que t'arrive-t-il ?
pasearse, se promener.
paseo, n. m., promenade.
paso, n. m., passage ; pas.
pastor, a, berger, ère.
pastorcilla, dim. de **pastora.**
pastoril, pastoral, e.
patear, tirer (au football).
patio, n. m., cour intérieure, patio. **El patio de recreo,** la cour de récréation.
paz, n. f., paix.
peatón, n. m., piéton.
pedazo, n. m., morceau.
pedir [i], demander.
peinar, peigner.
peligro, n. m., danger.
pelo, n. m., cheveu ; cheveux.
pelota, n. f., balle.
pena, n. f., peine.
penal, n. m., penalty.
penoso, a, pénible, difficile.
pensativo, a, pensif, ive.
penumbra, n. f., pénombre.
peón, n. m., ouvrier agricole.
pequeño, a, adj. et n., petit, e.
perder [ie], perdre.
perdonar, pardonner.
perfecto, a, parfait, e.

perfil, n. m., profil.
permitir, permettre.
pero, mais.
perro, a, chien, chienne.
pertenecer, appartenir.
pesca, n. f., pêche.
pescador, n. m., pêcheur.
petrificado, a, pétrifié, e, frappé, e, de stupeur.
pez, plur. **peces,** n. m., poisson.
pie, n. m., pied. **De pie,** debout.
piedra, n. f., pierre.
piel, n. f., peau.
pieza, n. f., pièce.
pimiento, n. m., poivron.
pinar, n. m., pinède.
pintar, peindre.
pisco, n. m., eau-de-vie du Pérou.
piso, n. m., appartement, étage.
pizarra, n. f., tableau.
placer, n. m., plaisir.
planear, tracer le plan de.
plástica, n. f., arts plastiques.
plata, n. f., argent.
playa, n. f., plage.
plaza, n. f., place. **La plaza de toros,** les arènes. **La Plaza Mayor,** la grand-place.
plomo, n. m., plomb.
pobre, pauvre.
pobreza, n. f., pauvreté.
poco, a, peu, peu de. **Unos pocos, unas pocas,** quelques.
poder [ue], pouvoir.
pollo, n. m., poulet.
poner, mettre ; poser.
ponerse, devenir.
ponerse a, se mettre à.
por, prép., cf. gramm. p. 183.
porque, parce que. Ne pas confondre avec **¿Por qué?,** pourquoi ?
portal, n. m., vestibule, entrée ; porche ; crèche.
poseedor, n. m., possesseur.
postal, n. f., carte postale.
postrero, a, dernier, ère.
potrero, n. m., enclos ; pâturage.
precio, n. m., prix.
precioso, a, beau, belle.
pregonar, crier.
preguntar, demander.
premio, n. m., lot ; prix. **El premio gordo,** le gros lot.
prenda, n. f., **Las prendas de vestir,** les habits.
presa, n. f., proie. **Presa de,** en proie à, pris, e, de.
primavera, n. f., printemps.
primero, a, premier, ère.
príncipe, n. m., prince.
principio, n. m., début.
problema, n. m., problème.
producirse, se produire.
producto, n. m., produit.
profundizar, approfondir.
prohibir, interdire.
promesa, n. f., promesse.
pronto, vite, promptement. **De pronto,** soudain.
proseguir [i], poursuivre.
provecho, n. m., profit. **Buen provecho,** bon appétit.
próximo, a, proche.
proyecto, n. m., projet.
pueblo, n. m., village ; peuple.
pues, car ; eh bien ; donc. **Pues bien,** eh bien.
pulmón, n. m., poumon.
puna, n. f., haut plateau, désert (Amérique).
punto, n. m., point.
puro, a, pur, e.

q

quedar, rester ; se situer ; se trouver.
quemar, brûler.
quena, n. f., flûte indienne.
querer [ie], vouloir ; aimer.
querido, a, cher, ère.
quieto, a, tranquille.
quitarse, enlever.

r

racimo, n. m., grappe.
radiante, radieux, euse.
ráfaga, n. f., rafale.
raro, a, étrange.
rascacielos, n. m., gratte-ciel.
rato, n. m., instant.
rayo, n. m., rayon.
razón, n. f., raison.
reaccionar, réagir.
real, royal, e.
rebaño, n. m., troupeau.
recetar, prescrire.
recibir, recevoir.
recordar [ue], rappeler ; se souvenir de.
red, n. f., filet.
redimir, racheter.
redondo, a, rond, e.
reducir, réduire.
reflexionar, réfléchir.
refrescar, rafraîchir.
regadera, n. f., arrosoir.
regalar, offrir.
regalo, n. m., cadeau.
regresar, revenir, retourner.
reina, n. f., reine.
reír [i], rire.
relacionar, mettre en relation, en rapport.
relajarse, se détendre.
reloj, n. m., montre ; horloge.
remonte, n. m., remonte-pente.
resistir, résister.
resolver [ue], résoudre.
responder, répondre.
respuesta, n. f., réponse.
revés (al), à l'envers.

rey, n. m., roi.
río, n. m., rivière, fleuve.
risa, n. f., rire.
rizar, rider (la surface de l'eau).
rodear, entourer.
rodilla, n. f., genou.
rogar [ue], prier.
rojo, a, rouge.
ropa, n. f., linge ; habits.
rosal, n. m., rosier.
rostro, n. m., visage.
rubio, a, blond, e.
ruido, n. m., bruit.

s

sábado, n. m., samedi.
saber, savoir.
sacar, tirer, retirer, sortir. **Sacar una foto,** prendre une photo.
sal, n. f., sel.
salchicha, n. f., saucisse.
salida, n. f., départ ; sortie.
salir, sortir.
saltar, sauter.
saludar, saluer.
sano, a, sain, e.
santo, a, adj. et n., saint, e.
sazonar, assaisonner.
sección, n. f., section ; rayon (dans un magasin).
seguida, n. f., suite. **En seguida,** tout de suite.
seguir [i], suivre. Cf. gramm. p. 181.
seguridad, n. f., sécurité.
seguro, a, sûr, e, certain, e.
semana, n. f., semaine.
sembrar [ie], semer.
sentar [ie], asseoir.
sentido, a, sincère ; expressif, ive.
señalar, montrer.
señor, n. m., monsieur, homme.
señora, n. f., madame ; femme ; dame.
señoría, n. f., seigneurie.
señorita, n. f., mademoiselle.
septiembre, septembre.
sepultura, n. f., sépulture. **Dar sepultura,** enterrer.
sereno, a, serein, e.
serio, a, sérieux, euse. **En serio,** sérieusement. **Tomar en serio,** prendre au sérieux.
serpiente, n. f., serpent.
siembra, n. f., semailles.
siempre, toujours.
sierra, n. f., montagne ; scie.
silla, n. f., chaise.
sillón, n. m., fauteuil.
sin, sans.
sin embargo, cependant.
sino, mais.
sitio, n. m., place, endroit.
soberbio, superbe, grandiose.
sobre, n. m., enveloppe.
sobre, prép., sur.
sobre todo, surtout.
sobrevivir, survivre.
sobrino, a, neveu, nièce.
social, sciences humaines.
sol, n. m., soleil.
soldadito, n. m., dim. de **soldado,** soldat.
soldado, n. m., soldat.
soleado, a, ensoleillé, e.
soler [ue], avoir l'habitude de.
solita, dim. de **sola,** toute seule.
solo, a, seul, e.
sólo, seulement.
soltar [ue], lâcher.
sombra, n. f., ombre.
sombrero, n. m., chapeau.
sombrío, a, sombre.
sonar [ue], sonner.
sonreír [i], sourire.
sonriente, souriant, e.
sonrisa, n. f., sourire.
soñar [ue], rêver.
soportales, n. m., plur. arcades.
sorprender, surprendre.
sorpresa, n. f., surprise.
sosegadamente, paisiblement, calmement.
suave, doux, douce.
subir, monter.
suceder, se passer, arriver.
sucio, a, sale.
sudor, n. m., sueur.
sueldo, n. m., salaire.
suelo, n. m., sol.
sueño, n. m., rêve ; sommeil.
suerte, n. f., chance.
sujetar, retenir ; attacher.
suponer, supposer.

t

tal, tel, telle. **¿Qué tal?** comment ça va ?
talonario, n. m., **talonario de cheques,** carnet de chèques.
tal vez, peut-être.
tamaño, n. m., taille.
también, aussi.
tampoco, non plus.
tan, si. **Es tan joven,** il est si jeune.
tanto, a, tant ; tant de ; tel, telle. **En tanto que,** alors que.
tardar, tarder, mettre (temps que l'on met pour faire quelque chose).
tarde, adv., tard ; n. f., après-midi. **Buenas tardes,** bonjour (l'après-midi).
tarea, n. f., travail ; tâche.
tarjeta, n. f., carte.
taxista, n. m., chauffeur de taxi.
tebeo, n. m., bande dessinée.
techo, n. m., toit ; plafond.
tejado, n. m., toit.
tela, n. f., toile.
temblar [ie], trembler.
tempestad, n. f., orage, tempête.
temporada, n. f., saison.
temprano, tôt.
tenedor, n. m., fourchette.

tener [ie], avoir. Tener que, cf. gramm. p. 182.
tercero, a, troisième.
terraza, n. f., terrasse.
tiempo, n. m., temps. Hace tiempo que, Il y a longtemps que.
tienda, n. f., boutique, magasin.
tierra, n. f., terre.
timbre, n. m., sonnette.
tinto, n. m., vin rouge.
tío, a, oncle, tante ; fam. type.
tirar, jeter ; lancer.
titubear, hésiter.
tocar, toucher ; jouer d'un instrument de musique.
todavía, encore.
todo, a, tout, e.
tomar, prendre.
tontería, n. f., sottise.
tonto, a, adj. et n., sot, sotte, stupide.
torno, n. m., tour. En torno a, autour de.
torpe, maladroit, e.
torre, n. f., tour.
tortilla, n. f., omelette.
toser, tousser.
trabajar, travailler.
trabajo, n. m., travail.
traer, amener, apporter.
transeúnte, adj. et n., passant, e.
tranvía, n. m., tramway.
trapecio, n. m., trapèze.
trapo, n. m., chiffon.
tras, après, derrière.
traslado, n. m., transport.
tratar de, essayer de.
tratarse de, s'agir de.
trayecto, n. m., trajet.
tremendo, a, terrible.
tren, n. m., train.
trigo, n. m., blé.
triunfar, triompher.
turbio, a, trouble.
turrón, n. m., touron (sorte de nougat).

u

último, a, adj. et n., dernier, ère.
único, a, seul, e.
unos, as, quelques, à peu près, environ.
uso, n. m., usage, utilisation.
usted, es, vous, cf. gramm. p. 173.

v

valer, valoir.
vanamente, en vain.
varios, as, plusieurs.
varón, n. m., homme ; garçon.
vasco, a, basque.
vaso, n. m., verre.
vecino, a, adj. et n., voisin, e.
velocidad, n. f., vitesse.
veloz, rapide.
vendedor, n. m., vendeur.
vender, vendre.
venganza, n. f., vengeance.
ventaja, n. f., avantage.
ventana, n. f., fenêtre.
ver, voir.
verano, n. m., été.
veras (de), véritable ; vraiment.
verdad, n. f., vérité. ¿Verdad ? n'est-ce-pas ? De verdad, vraiment.
verdaderamente, vraiment, véritablement.
verdadero, a, véritable.
verde, vert, e.
verdoso, a, verdâtre.
vestido, n. m., vêtement, habit ; robe.
vestidura, n. f., vêtement.
vestirse [i], s'habiller.
vez, plur. veces n. f., fois. Cada vez que, chaque fois que. Por primera vez, pour la première fois. A veces, algunas veces, parfois.
viajar, voyager.
viaje, n. m., voyage.
viajero, a, adj. et n., voyageur, euse.
vida, n. f., vie.
viejo, a, adj. et n., vieux, vieille.
viento, n. m., vent.
viernes, n. m., vendredi.
vino, n. m., vin.
violín, n. m., violon.
virgen, adj. et n., vierge.
vista, n. f., vue.
visto, part. pass. irr. de ver.
vitral, n. m., vitrail.
vivienda, n. f., logement.
vivir, vivre, habiter.
vivo, a, vif, vive ; vivant, e.
volar [ue], voler.
volver [ue], revenir, retourner.
volverse [ue], devenir ; se retourner ; s'en retourner.
voz, plur. voces, n. f., voix. A voces, en poussant des cris. En voz alta, à voix haute. En voz baja, à voix basse.
vuelo, n. m., vol.
vuelta, n. f., retour ; tournant.

y

y, et. Se transforme en e devant un mot commençant par i ou hi : padre e hijo.
ya, déjà. ¿Qué, se va usted ya ?, comment, vous partez déjà ? ; maintenant ; ya lo creo, je le pense bien. Ya que, puisque.
yegua, n. f., jument.

z

zapato, n. m., soulier.

Índice gramatical

Références des textes, dessins et photographies :

p. 14 : de Andrade/Magnum ; p. 18 : *¡ Hola !* nº 2-214, 22/01/87 ; p. 23 : photo d'auteur ; p. 25 : Quino, *Mafalda 6,* Éd. Glénat ; p. 27 : Scianna/Magnum ; p. 28 : *Cambio 16 ;* p. 29 : Ed. SM, 1984 ; Extrait de *Los mifenses* de R. de Terán ; p. 32 : Laboratorio S.A.L.V.A.T., S.L. ; Ed. Aguilar ; p. 33 : Traduction française : *Le baiser de la femme araignée,* Éd. du Seuil ; p. 34 : Ed. Plaza y Janes ; p. 36 : Scianna/Magnum ; Ed. SM ; p. 37 : Ed. SM ; Agencia Efe ; p. 38 : Bridas, S.A., de Cinematografía ; Ed. Espasa Calpe ; p. 39 : Ed. Santillana, Sonata, Libro de lectura, 1967, Madrid-Peress/Magnum ; p. 41 : photo d'auteur ; Ed. de la Torre ; p. 42 : Museo del Prado/Oroñoz/Artephot ; p. 44 : Ed. Espasa Calpe ; Quino, *Mafalda 10,* Éd. Glénat ; p. 46 : Citibank/Lintas ; p. 47 : Ed. Espasa Calpe, col. Austral ; p. 48 : Ed. Losada ; p. 49 : Luis Puenzo/MK 2 Diffusion ; p. 50 : Agencia Efe ; p. 52 : de Andrade/Magnum ; p. 53 : Höpker/Magnum ; p. 54 : Mayer/Magnum ; Ed. R. Grando ; p. 56 : Elías Querejeta ; p. 58 : Alte Pinakothek, Münich/Oroñoz/Artephot ; p. 59 : Ed. Losada ; photo d'auteur ; p. 60 : Ed. Losada ; p. 61 : photo d'auteur ; p. 62 : Perkins/Magnum ; p. 63 : Bernheim/Rapho ; p. 64 : Manuel Puig ; p. 65 : Meiselas/Magnum ; Quino, *Mafalda 10,* Éd. Glénat ; p. 68 : Carte American Express/Bassat, Olgivy & Mather ; p. 69 : Hurn/Magnum ; p. 70 : Ed. Planeta ; p. 71 : *Semana ;* p. 72 : Abbas/Magnum ; Ed. Destino ; p. 73 : Pablo Neruda y Fundación Pablo Neruda ; p. 74 : Ed. Labor ; p. 75 : Archivo fotográfico del Ministerio de Información y Turismo ; Quino, *Mafalda 3,* Éd. Glénat ; p. 76 : Alfredo Bryce Echenique, 1970 ; p. 77 : M. Vuillemain ; p. 78 : Museo del Prado/Silex ; p. 79 : INBA, col. M. Rodriguez de Reyero ; p. 81 : Rafael Alberti ; Quino, *Mafalda 10,* Éd. Glénat, p. 82 : Agencia Efe ; p. 83 : Ed. Plaza y Janes ; p. 84 : Quino, *Gente en su sitio,* Éd. Glénat ; p. 86 : *Cambio 16*/Poveda ; p. 87 : Alfredo Bryce Echenyque ; Scianna/Magnum ; pp. 88-89 : *Cambio 16 ;* p. 90 : Koudelka/Magnum ; Rafael Alberti ; p. 91 : Elías Querejeta ; p. 92 : Musée Picasso/Artephot, © by SPADEM, 1987 ; p. 93 : Ed. Losada ; p. 94 : coll. Daniel Bouteiller ; p. 95 : Mario Vargas Llosa, 1962 ; p. 96 : Göteborg Kunst Museum/Scala, © by SPADEM, 1987 ; p. 97 : Ed. Richard Grando ; *Cambio 16 ;* p. 98 : Manuel Puig, traduction française : *Le plus beau tango du monde,* Éd. Denoël ; p. 99 : Quino, *Quinoterapia,* Éd. Glénat ; p. 100 : Juan Goytisolo, 1958 ; p. 101 : Perkins/Magnum ; p. 102 : Gaumy/Magnum ; p. 103 : Mario Vargas Llosa ; p. 105 : Gaumy/Magnum ; p. 106 : Mayer/Magnum ; Paisajes Españoles ; Éd. Masson ; p. 107 : Ed. Lumen, 1964 ; p. 108 : Le Querrec/Magnum ; Rafael Alberti, 1982 ; Correos Españoles ; p. 109 : Quino, *Gente en su sitio,* Éd. Glénat ; p. 110 : Perkins/Magnum ; Herrederos de Miguel Hernández ; p. 111 : Herederos de Ciro Alegría ; p. 112 : Boulat/Ziolo, © by ADAGP, 1987 ; p. 113 : Perkins/Magnum ; p. 114 : de Andrade/Magnum ; p. 116 : Scianna/Magnum ; p. 117 : Ed. Luis Porcel ; p. 118 : Capa/Magnum ; p. 119 : Sucesión de Roberto Arlt ; p. 120 : Larrain/Magnum ; Joan Dave Agency, 1962, traduction française : *Les jardins de l'Alcazar,* Éd. Gallimard, coll. Folio Junior bilingue ; p. 121 : Ed. Losada ; p. 122 : Museo del Prado/Oroñoz/Artephot ; p. 123 : Ed. Losada ; p. 124 : Burri/magnum ; p. 125 : Éd. Belin ; p. 126 : Agencia Efe ; p. 127 : Museo de Arte Contemporáneo, Madrid ; p. 128 : Eduardo Arroyo ; p. 129 : Ed. Espasa Calpe ; p. 130 : Ed. Losada ; p. 131 : Quino, *Gente en su sitio,* Éd. Glénat ; p. 133 : Juan Ballesta ; p. 134 : Gaumy/Magnum ; Miguel Prados ; p. 135 : Éd. Masson ; p. 136 : José Segreyes ; Ed. Anaya ; p. 137 : Ed. Espasa Calpe ; p. 138 : Ed. Labor ; p. 139 : photo d'auteur ; Le Querrec/Magnum ; p. 140 : Producciones cinematográficas A Punto ; p. 141 : S.A.F.E. de Neumáticos, Michelin ; Ed. Planeta ; p. 142 : Abbas/Magnum ; p. 143 : Ed. Planeta ; p. 144 : Abbas/Magnum ; p. 145 : Mario Vargas Llosa, 1984 ; p. 146 : Ed. Planeta ; p. 147 : Magnum ; p. 148 : Eduardo Mendoza, 1975 ; p. 149 : Hurn/Magnum ; Rafael Alberti ; p. 150 : Líneas Aéreas Aviaco ; p. 151 : Quino, *Mafalda 5,* Éd. Glénat ; p. 152 : Ed. Escuela Española, Madrid, 1986 ; p. 152 : Ministerio de Educación del Perú ; p. 154 : Ed. Labor ; p. 156 : Instituto Cubano del Libro ; p. 160 : Éd. Plus Ultra ; p. 185 : Quino ; p. 186 : Quino, *Mafalda 8,* Éd. Glénat ; p. 191 : Quino, *Mafalda 7,* Éd. Glénat.

Dessins : pp. 14, 29, 33, 34, 37, 39, 44, 46, 51, 53, 54, 55, 59, 67, 74, 81, 85, 87, 90, 101, 104, 105, 153, 154, 155, 156, 157, 158, 160 : Sophie Dressler ; pp. 12, 13, 16, 20, 21, 22, 23, 26 : Brigitte Paris ; p. 66 : Frédérique Vayssières.

Couverture : Contours.

Conception graphique : Anne-Marie Bodson et Contours.

Cartographie : Atelier Graffito.

Achevé d'imprimer par l'imprimerie Tardy Quercy S.A. Bourges - Janvier 1989 - Nº d'imprimeur : 14871